Thomas Pons et Sylvain Tillon

100 conseils pratiques pour couler sa boîte

Groupe Eyrolles
61, bd Saint-Germain
75240 Paris Cedex 05
www.editions-eyrolles.com

ISBN : 978-2-212-56581-2

Préface

L'échec, c'est l'épice qui donnera sa saveur à votre succès !

Qu'on le veuille ou non, l'erreur est souvent une étape indispensable pour réussir. Tout le monde commence par tomber avant d'apprendre à marcher. Mais dans notre société fondée sur la culture du bon élève, les mots « échec » et « erreur » sont tabous. Pourtant, il s'agit plutôt d'une chance, celle d'apprendre par l'expérience. L'occasion de ne plus les reproduire lors de nouveaux projets. On tire toujours quelque chose de positif d'une erreur, moi le premier. Un chef d'entreprise en accumule forcément, grosses ou petites. Et c'est en les affrontant que l'on forge le succès.

Vous avez des doutes ? C'est normal, j'en ai eu moi aussi ! Tous les grands entrepreneurs ont commencé seuls face à l'inconnu, l'incertitude et l'indifférence quasi générale. Mais la plus grande force d'un entrepreneur, c'est son optimisme. C'est grâce à cela qu'il peut réussir le pari un peu fou de partir de rien pour finir à la tête d'une entreprise qui cartonne. Si, comme moi, vous avez cette petite part d'inconscience qui vous permet de vous jeter à l'eau, alors vous avez une chance de réussir. Car c'est avant tout l'état d'esprit qui compte, l'envie de créer, de développer son idée et de la mener à bien.

Cette envie, vous l'avez ? Alors allez-y. C'est en France que Facebook, Uber ou encore Airbnb ont connu le plus rapidement un succès international après les États-Unis, avec de petites équipes parties de presque rien. Pourquoi eux et pas vous ? Ne cherchez pas d'excuses, mais des solutions face aux difficultés que vous allez rencontrer. Et vous verrez, ce seront vos échecs qui donneront leur saveur si particulière à vos succès.

Et comme ils sont sympas, les auteurs de *100 conseils pratiques pour couler sa boîte* vous ont mâché le travail échouant de cent manières différentes avant vous. Un beau cadeau pour appréhender celles qui vous attendent peut-être.

Xavier Niel,
« serial » entrepreneur, fondateur de Free

Avant-propos

Prenez tout ce qui est écrit dans ce livre au pied de la lettre

Pour lancer efficacement votre boîte, il faut vous appuyer sur du solide. Et ça, ça suppose de prendre les bons conseils là où ils se trouvent : essentiellement dans les bouquins. Et surtout celui-là, *of course*.

Malheureusement, il n'y a pas de solution miracle. Ni ailleurs, ni ici. Chaque projet, chaque marché, chaque entrepreneur est différent. Tout cela n'est pas une science exacte.

La théorie reste de la théorie. S'il ne s'agit pas de s'en affranchir, il faut tout de même être capable de s'en détacher, d'aller à fond dans la pratique et de se plonger dans son marché, le vrai. Faites-vous votre propre expérience, commettez vos propres erreurs, « plantez »-vous, retirez-en les points positifs... et relancez la machine !

100 conseils pratiques pour couler sa boîte est simplement né de l'idée qu'il est moins douloureux d'apprendre des erreurs des autres. Dans cet ouvrage, nous avons tenté de vous présenter avec humilité des erreurs classiques ou plus exotiques, ainsi que des témoignages d'entrepreneurs qui ont échoué pour mieux rebondir.

Voici les catégories que vous allez pouvoir y retrouver :

– Création : il s'agit souvent d'un moment à la fois douloureux et euphorique pour l'entrepreneur. Entre la peur de se lancer et la naïveté des premiers jours, vous trouverez ici toutes les erreurs à éviter pour bien vous lancer.

– Gestion : monter sa boîte c'est bien, mais savoir la gérer, c'est mieux. Les fiches « gestion » vous aideront à utiliser au mieux les ressources financières de votre société.

– Stratégie : une bonne stratégie d'entreprise s'avère essentielle pour savoir comment bien s'implanter sur un marché.

– Business : vendre ! Vendre ! Vendre ! Voici la première des choses à faire pour le créateur d'entreprise. Alors voici quelques exemples de pratiques à ne surtout pas reproduire si vous voulez « assurer » en rendez-vous commercial.

– Production : une fois votre produit vendu, vous n'avez pas le choix, il faut le produire. Vous découvrirez dans ces fiches les principales erreurs à ne pas commettre si vous voulez produire correctement.

– Marketing : on sous-estime souvent l'importance du marketing et de la communication... Il est pourtant très simple de « planter » sa boîte avec une prise de parole inadaptée à votre offre. La preuve en quelques exemples.

– Juridique : non, la confiance ne suffit malheureusement pas toujours. Alors pour vous prémunir des risques induits par de mauvais choix, nous vous proposons quelques conseils juridiques essentiels.

– Organisation : il existe une vraie différence entre devenir son propre patron et devenir patron d'une équipe. Cette différence s'appelle « management ». Alors voici quelques conseils pour prendre soin de vos salariés !

– Vie perso : et vous dans tout ça ? Petite mise au point pour esquiver le risque de burn-out.

Maintenant, à vous de piocher çà et là les expériences qui vous correspondent !

Sommaire

1. Avant de créer votre boîte, étudiez la mise en place d'une filiale en Suisse, d'un bureau en Irlande et d'une holding au Luxembourg pour éviter de payer trop d'impôts sur les sociétés 18

2. Donnez 50 % à votre associé qui reste salarié au chaud dans une autre entreprise, mais qui a promis de bosser à fond tous les soirs 20

3. Pour trouver votre idée, épluchez attentivement les numéros de *Capital*, *Management* et *Challenges* qui présentent les idées qui cartonneront demain 22

4. Suite à chaque rencontre, modifiez votre business plan avec les nouvelles données 24

5. Ne créez pas votre boîte avant d'avoir suivi une formation adaptée 26

6. Payez systématiquement les factures dont la charte graphique contient du bleu, du blanc et du rouge 28

7. Vos parents et vos proches sont d'excellents conseillers 30

8. Apportez 100 000 € en capital, sur une carte de visite, ça en jette ! 32

9. Quittez votre ancien job en insultant votre boss comme dans la pub FDJ. Bientôt, vous serez aussi gros qu'eux ! 34
10. Voiture de fonction et site Internet à 40 000 €… Rien n'est trop beau pour ma boîte ! 36
11. Pour déterminer votre prix de vente, ne vous compliquez pas la vie : prenez celui de votre concurrent et divisez-le par deux 38
12. Celui qui apporte l'idée mérite 90 % des actions de l'entreprise 40
13. Investissez massivement sur une étude de marché mondiale ! 42
14. Le business plan est indispensable,faites-en un et suivez-le à la lettre 44
15. Attendez que tout soit vraiment prêt avant de vous lancer 48
16. Ne parlez pas de votre projet si vous ne voulez pas qu'on vous le vole 50
17. Vous avez bien regardé, il n'y a pas de concurrent sur votre idée, lancez-vous ! 52
18. Vous avez peur de vous lancer seul ? Associez-vous ! 54
19. Des locaux immenses, en plein centre, pour presque rien ? Foncez ! 56
20. En fait, avoir une boîte, c'est surtout une question de flair… 58
21. Peu importe ce que vous faites, faites quelque chose, tout le temps 60
22. Si vous avez peur, surtout ne prenez aucune décision 62
23. Avant d'arrêter, êtes-vous sûr d'avoir tout tenté ? 64

24. Lancez-vous d'abord, vous verrez bien plus tard comment gagner de l'argent 66
25. Donnez des parts de la boîte à vos meilleurs conseillers. Ils sont sympas quand même ! 68
26. Ne vous inspirez pas de vos concurrents : par définition, ils sont moins bons et comprennent moins bien le marché 70
27. Sous-traitez entièrement la réalisation de votre produit 72
28. Au début, offrez vos services, ça vous fera des références 76
29. Créez un proto qui ne fonctionne pas, le but n'est que de montrer 10 % du futur produit qui vous fera gagner des millions 78
30. Misez tout sur les États-Unis, c'est le pays du business ! 80
31. Remplissez votre agenda de rendez-vous et de réunions pour optimiser votre temps 82
32. Conservez 100 % du capital ! 84
33. N'hésitez pas à afficher vos soucis professionnels sur les réseaux sociaux 86
34. Faites de la com' ! Peu importe le support, ça touchera forcément quelqu'un 88
35. Laissez le marketing sur Internet aux jeunes stagiaires, ce n'est pas de votre génération ! 90
36. Votre secret marketing ? Le « buzz » ! 92
37. Quand les affaires ne vont pas, dites-le à vos clients 94
38. Sans argent, tu ne pourras de toute façon pas faire de marketing 96

39. Faites votre logo vous-même, ça vous fera économiser pas mal d'argent. Ou faites-vous aider par votre cousin 98
40. Votre cible marketing doit être la plus large possible ! 100
41. Envoyez un communiqué de presse par semaine, qu'il pleuve, qu'il vente ou qu'il neige 102
42. Multipliez les références de produits/services pour satisfaire tous les prospects 106
43. Oubliez les chiffres, ils n'intéressent que votre expert-comptable 108
44. Achetez le logiciel de gestion le plus complet du marché ! ... 110
45. Si vous avez de la trésorerie, inutile de demander un prêt bancaire pour acheter un véhicule 112
46. Lever des fonds, c'est un grand pas vers la réussite ! 114
47. Évitez de réclamer les paiements,c'est agaçant pour tout le monde ! 116
48. Dès que vous avez créé votre entreprise, commencez par chercher et postuler à toutes les aides que vous pourrez trouver 118
49. Pas besoin de mille clients, trouvez-en un qui assure votre chiffre d'affaires de l'année 120
50. Tant qu'il y a de l'argent sur votre compte bancaire pro, c'est que l'entreprise va bien 122
51. Profitez de la carte bancaire de l'entreprise pour vos vacances 124
52. Ne faites pas de reporting mensuel, ça prend du temps et c'est pas marrant 126

53. Achetez beaucoup de stock pour faire baisser les prix 128
54. Un bon logiciel est un logiciel payant ! 132
55. Snobez les partenaires financiers tant que vous avez de la trésorerie 134
56. On n'a pas vraiment besoin d'un contrat, serrons-nous la main ! 136
57. Accordez des exclusivités à vos meilleurs clients 138
58. Pensez avant tout au choix de votre statut juridique. C'est la décision la plus importante pour réussir ! 140
59. Déposez vite un brevet pour éviter de vous faire copier ! 142
60. L'association est une relation de confiance : ne perdez pas trop de temps avec un pacte d'associés 144
61. Si votre produit est bon, il se vendra tout seul 146
62. Payez vos commerciaux uniquement à la « com' » 148
63. En cas de négociation, divisez votre prix par deux. Comme ça, pour être sympa 150
64. En rendez-vous, ne prenez pas de note, ça fait trop scolaire 152
65. Devant votre prospect, dénigrez vos concurrents 154
66. Démarrez votre prospection avec une adresse Hotmail ou Voila ! 156
67. Attendez la fin du mois pour relancer vos prospects 158
68. Contentez-vous d'un mailing pour votre prospection 162

69. Ne demandez pas à vos clients pourquoi vous avez perdu ! 164
70. Commencez par produire les contrats en cours, on verra plus tard pour la prospection 166
71. Ne déléguez pas trop. Après tout, vous êtes le meilleur élément de l'équipe ! 168
72. Pour une ambiance zen, adoptez la culture du consensus 170
73. En cas de coup de blues, cherchez du réconfort auprès de vos salariés 172
74. Restez à votre poste quand vous êtes malade. Sans cela, vos employés vous prendront pour une grosse feignasse 174
75. Vos employés ont du mal à remplir leurs objectifs ? C'est pas votre problème. Chacun sa croix, mon p'tit pote ! 176
76. Installez très rapidement une pointeuse ou un tracker Internet pour vérifier que vos employés ne sont pas des tire-au-flanc 178
77. Ne récompensez jamais vos collaborateurs... Ils pourraient se reposer sur leurs lauriers ! 180
78. Y a pas de mal à se faire plaisir au boulot 182
79. Bloquez YouTube, Facebook et tous les sites qui pourraient déconcentrer vos collaborateurs 184
80. Installez une machine à café payante. Il n'y a pas de petites économies ! 188
81. Quand vous avez des doutes sur un collaborateur en période d'essai, pesez le pour et le contre et gardez-le parce qu'il est sympa 190

82. Proposez à vos premiers collaborateurs un contrat d'auto-entrepreneur plutôt qu'un CDI 192
83. Prenez plein de stagiaires qui feront le boulot à votre place.... 194
84. Multipliez les réunions, c'est toujours bien d'échanger sur un sujet 196
85. Envoyez vos stagiaires pour tenir votre stand sur les salons.... 198
86. Les entretiens annuels? Inutiles dans ma start-up! 200
87. Mentez à vos collaborateurs sur la situation délicate de votre start-up pour les garder motivés 202
88. Réalisez d'abord votre produit, vous verrez ensuite les questions d'ergonomie 204
89. Ne vous encombrez pas d'un SAV au début : ça prend beaucoup de temps et c'est loin d'être utile quand on a peu de clients 206
90. Laissez faire les free-lances : ils connaissent leur métier 210
91. Travaillez de chez vous, ça vous fera faire des économies... 212
92. Au début, ne vous payez pas! 214
93. Mettez de côté votre vie de famille et concentrez-vous sur le lancement du projet. Ils en récolteront les fruits dans quelques années 216
94. En France, une création d'entreprise sur deux échoue. Si vous êtes prêt à jouer à pile ou face, foncez! 218
95. Videz vos comptes épargne et hypothéquez votre maison pour tout investir dans votre projet 220
96. Ne parlez pas de vos soucis à vos proches, ça pourrait les soûler 222

97. Mettez-vous à votre compte,
vous aurez plus de temps pour vous 224

98. Vous avez fait une erreur ? Retentez, on ne sait jamais 226

99. Ce n'est pas le moment de prendre de vacances :
pas de repos pour les guerriers ! 228

100. Décompressez en faisant la fête tous les soirs ! 230

Remerciements 233

Index 235

LES 100 CONSEILS PRATIQUES

1

AVANT DE CRÉER VOTRE BOÎTE, ÉTUDIEZ LA MISE EN PLACE D'UNE FILIALE EN SUISSE, D'UN BUREAU EN IRLANDE ET D'UNE HOLDING AU LUXEMBOURG POUR ÉVITER DE PAYER TROP D'IMPÔTS SUR LES SOCIÉTÉS

En France, l'entrepreneuriat est asphyxié par les taxes sur les sociétés. Pour ne pas couler avant d'avoir commencé, il est essentiel de bien réfléchir à vos statuts. Filiale à l'étranger, société holding ou encore offshore, étudiez toutes les possibilités qui s'offrent à vous. Ce qui compte, c'est que la solution que vous choisissez vous fasse faire de sérieuses économies. Ce serait dommage de vous en passer !

Concentrez-vous plutôt sur la manière de trouver vos premiers clients et de faire grandir votre entreprise avant de bidouiller vos statuts. Vous devriez certainement pouvoir attendre un peu avant de vous lancer dans ces techniques d'optimisation fiscale complexes qui flirtent parfois avec l'illégalité... D'autant que l'impôt sur les sociétés s'élève à 15 % jusqu'à 38 120 euros de bénéfice. Ça reste relativement raisonnable, non ? Si, malgré tout, vous avez une poussée d'urticaire rien qu'à l'idée de payer vos taxes, il est possible de jouer sur les dispositions offertes par le gouvernement français : vous pouvez faire des dons, des investissements productifs ou encore vous rémunérer davantage pour faire baisser le résultat (sans oublier de cotiser davantage à la retraite. Merci la loi Madelin !).

Le p'tit conseil du loser

Contrairement aux idées reçues, il existe en France de nombreuses aides à l'entrepreneuriat. Si votre société est immatriculée dans un paradis fiscal, vous pouvez leur dire adieu. *Bye bye* le Crédit Impôt Recherche (CIR), *ciao* le statut Jeune Entreprise Innovante (JEI)... Et cerise sur le gâteau, votre banquier risque de vous regarder de travers si vous lui demandez un prêt bancaire... Restez en France, on vous dit!

Pour vous faire une petite idée des aides disponibles, voici deux sites qui les référencent:
www.coulersaboite.com/1A
www.coulersaboite.com/1B

À voir aussi

Lire les fiches n° 2, 3, 4, 5, 6, 7, 8, 9, 10, 11, 12, 13, 14, 15, 16, 17, 18, 19, 20, 21, 22, 23, 24, 25, 28, 32, 42, 43, 44, 45, 46, 47, 48, 49, 50, 51, 52, 53, 54, 55, 56, 57, 58, 59, 60, 66, 67, 80, 82, 91, 92, 95 et 98.

2

DONNEZ 50 % À VOTRE ASSOCIÉ QUI RESTE SALARIÉ AU CHAUD DANS UNE AUTRE ENTREPRISE, MAIS QUI A PROMIS DE BOSSER À FOND TOUS LES SOIRS

La répartition du capital, c'est une question comptable, sans réel impact sur le quotidien d'une boîte qui se lance. Le plus important, c'est la confiance entre les associés. Si votre partenaire s'est engagé à s'investir à fond dans votre projet tous les soirs, croyez-le. Vous vous lancez ensemble dans la grande aventure de l'entrepreneuriat : la mesquinerie et les répartitions de capital d'apothicaire n'ont pas leur place ici.

Ce que l'on vient de décrire, c'est l'une des meilleures manières de vous fâcher à mort avec votre associé dans les six mois qui viennent. Le genre de haine tenace qui vous fait jouer aux fléchettes sur une photo de lui, vous voyez ? Souvenez-vous de cette règle : il est absolument essentiel de garder un équilibre de travail dans l'association. Si votre associé reste salarié ailleurs, il ne pourra matériellement pas s'investir autant que vous dans votre projet commun. Vous n'aurez pas le partenaire auquel vous aspirez, et la frustration arrivera vite. Conclusion : pas question d'accorder autant de parts à quelqu'un qui n'est pas autant impliqué que vous dans le projet.

Le p'tit conseil du loser

Les entrepreneurs, à tort, repoussent souvent le plus possible la question de la répartition du capital de leur boîte. Il est pourtant essentiel de clarifier les choses dès le début. De nombreuses possibilités existent : égalitaire à 50 %-50 %, autoritaire mou à 49 %-51 %, autoritaire tout court à 60 %-40 %, etc. Et bien sûr, les choses se compliquent quand on est plus nombreux, que l'on fait entrer papi et mamie au capital, etc. Prenez bien le temps de la réflexion et, dans tous les cas, rédigez un pacte d'actionnaires, un contrat qui permet de mettre plus facilement fin aux litiges futurs et d'anticiper la sortie d'un associé.

Vous pouvez aussi tester ce calculateur de répartition de capital assez sympa (en anglais) : www.coulersaboite.com/2A
Et télécharger des exemples de pactes ici : www.coulersaboite.com/2B

À voir aussi

Lire les fiches n° 1, 3, 4, 5, 6, 7, 8, 9, 10, 11, 12, 13, 14, 15, 16, 17, 18, 19, 20, 21, 22, 32, 48, 60, 66, 95 et 98.

3

POUR TROUVER VOTRE IDÉE, ÉPLUCHEZ ATTENTIVEMENT LES NUMÉROS DE *CAPITAL*, *MANAGEMENT* ET *CHALLENGES* QUI PRÉSENTENT LES IDÉES QUI CARTONNERONT DEMAIN

Pour créer aujourd'hui une entreprise qui cartonnera demain, il faut explorer de nouvelles pistes. Soyez donc attentif à tous les lièvres que peut lever la presse spécialisée et n'oubliez pas de lorgner sur ce qui se fait à l'étranger – traduction, aux États-Unis. Vous mettez ainsi de nombreuses chances de votre côté pour vous montrer novateur sur votre marché national, car l'innovation, c'est la clé de la réussite.

N'importe quoi... Ce n'est pas parce qu'une idée est novatrice qu'elle est forcément bonne. C'est peut-être simplement que personne n'a eu le temps de se planter avec... Ne l'oubliez pas, la création d'entreprise, c'est 1 % d'inspiration et 99 % de transpiration. OK, l'image a fait long feu, mais une excellente idée mal exécutée reste un plantage assuré. Mieux vaut donc prendre en compte vos domaines de compétences et votre savoir-faire, car il est plus que périlleux de se lancer dans un projet dont on ne maîtrise aucune part d'exécution. En gros, mieux vaut éviter de se lancer dans un projet d'intelligence artificielle si vous ne savez pas coder... N'oubliez pas non plus qu'il faut vous baser sur ce que vous aimez faire : monter sa boîte, c'est un exercice de passionné. Puisque vous allez passer dix heures par jour (au minimum) dans les années à venir sur ce projet, autant qu'il vous plaise.

Le p'tit conseil du loser

Pourquoi ne pas jeter un œil à vos compétences professionnelles et à vos passions ? Vous êtes resté bloqué dans les années 1980 et écoutez Nostalgie à 30 ans ? Vous n'êtes pas le seul et le vintage a le vent en poupe : de la MINI au retour des produits du terroir, les *success stories* du vintage pullulent. Et c'est vrai qu'il présente de sacrés avantages : *business model* éprouvé, *storytelling* facilité, positionnement marketing évident, projet vu comme moins risqué par les investisseurs... Vive la start-up de mamie !

Pour savoir si vous êtes prêt à entreprendre, voici vingt questions à se poser (en anglais) : www.coulersaboite.com/3

À voir aussi

Lire les fiches n° 1, 2, 4, 5, 6, 7, 8, 9, 10, 11, 12, 13, 14, 15, 16, 17, 18, 19, 20, 21, 22, 32, 48, 60, 66, 95 et 98.

4

SUITE À CHAQUE RENCONTRE, MODIFIEZ VOTRE BUSINESS PLAN AVEC LES NOUVELLES DONNÉES

Le business plan, c'est votre feuille de route. Donc soyez vigilant : dès que votre projet subit un changement d'orientation, aussi mince soit-t-il, inscrivez-le dans votre business plan pour qu'il soit parfait. De la rigueur, encore de la rigueur et toujours de la rigueur, c'est la clé de la réussite de votre projet.

Comme dit Régis Goujet, professeur associé en entrepreneuriat à EMLyon, « *dans un business plan, les seuls chiffres qui ne soient pas faux sont les numéros des pages !* ».

Lorsque l'on crée son entreprise, il y a toujours d'énormes zones d'ombre, des risques très importants et autant d'incertitudes, ce quel que soit le soin que vous consacrez à la rédaction de votre joli document A4 sur papier glacé. Inutile, donc, de le corriger fébrilement à chaque changement d'orientation. Car un projet d'entreprise évolue au fil des rencontres, c'est ainsi. Croire que vous vous protégez en modifiant les données de votre business plan toutes les semaines, c'est illusoire, voire dangereux. C'est un document de travail, pas une assurance tous risques ! Bon, vous avez compris le message : vous pouvez tout de suite arrêter la masturbation intellectuelle.

Le p'tit conseil du loser

Laissez le business plan bien rangé sur une étagère et consacrez-vous au réel. C'est comme ça que vous aurez un maximum de chances de voir votre projet réussir. Tirez donc parti des rencontres et des opportunités qui s'offrent concrètement à vous, jouez sur votre réseau, vos savoir-faire et votre personnalité. Bien sûr, faites tout de même le nécessaire pour que votre business plan ait un minimum de rapport avec votre projet. Si vous arrivez chez votre banquier ou devant des investisseurs avec un business plan de marchand de glaces alors que vous vous lancez dans le commerce d'articles de pêche, la théorie risque de gêner le concret…

Pour éviter le business plan, découvrez la méthode SynOpp, de Claude Ananou, en MOOC[1] : www.coulersaboite.com/4A ou dans son livre *Réussir sa création d'entreprise sans business plan* (Eyrolles, 2012).
Autre solution, remplissez votre Lean Canvas[2] : www.coulersaboite.com/4B

À voir aussi

Lire les fiches n° 1, 2, 3, 5, 6, 7, 8, 9, 10, 11, 12, 13, 14, 15, 16, 17, 18, 19, 20, 21, 22, 32, 48, 60, 66, 95 et 98.

1. Massive Open Online Course, ou formation en ligne ouverte à tous.
2. Tableau synthétique qui présente votre modèle d'affaires (ou *business model*).

5

NE CRÉEZ PAS VOTRE BOÎTE AVANT D'AVOIR SUIVI UNE FORMATION ADAPTÉE

Créer sa boîte n'a rien d'une promenade de santé : tous les ans, des milliers de jeunes entrepreneurs s'y cassent les dents. Pour limiter les dégâts, le plus raisonnable est de suivre une formation adaptée. Il existe de nombreuses possibilités qui vous permettront ne plus être néophyte en la matière. En plus, vos investisseurs et votre banquier seront rassurés de voir qu'ils ont en face d'eux quelqu'un qui sait de quoi il parle.

Non, il n'est pas nécessaire d'être diplômé d'une école de commerce et de le tamponner sur son front pour créer son entreprise. La preuve, l'artisanat est le premier employeur privé en France. Vous croyez que ces entrepreneurs se sont amusés à suivre une formation de management pour bien faire tourner leur boîte ? Certainement pas. En revanche, il est plus que probable qu'ils ont une expérience, même minime, sur le marché qu'ils ont décidé de conquérir, ne serait-ce que pour savoir comment vendre leur produit ! Donc au lieu de dépenser votre temps, votre énergie et votre argent à vous former à l'entrepreneuriat, étudiez consciencieusement votre marché, c'est bien plus efficace.

Le p'tit conseil du loser

Il est illusoire de penser qu'il est possible de maîtriser toutes les facettes de la création d'entreprise lorsque l'on se lance. Un bon entrepreneur apprendra sur le tas. Néanmoins, ce n'est pas une raison pour partir en roue libre. Des conseils avisés et réguliers sont indispensables : balisez votre chemin en vous entourant de personnes compétentes dans les domaines que vous maîtrisez moins, soit en embauchant, soit en sous-traitant.

Vous trouverez de nombreux MOOC sur le sujet pour vous former gratuitement ou presque. Nous vous recommandons notamment celui-ci : www.coulersaboite.com/5

À voir aussi

Lire les fiches n° 1, 2, 3, 4, 6, 7, 8, 9, 10, 11, 12, 13, 14, 15, 16, 17, 18, 19, 20, 21, 22, 32, 48, 60, 66, 95 et 98.

6

PAYEZ SYSTÉMATIQUEMENT LES FACTURES DONT LA CHARTE GRAPHIQUE CONTIENT DU BLEU, DU BLANC ET DU ROUGE

Bleu, blanc, rouge, ça ne vous dit rien ? Hé oui, ce sont les courriers que vous envoient les institutions officielles. S'il n'est jamais très agréable de devoir leur faire un chèque, il est encore plus pénible de se les mettre à dos en ne réglant pas ce qui leur est dû... Allez, zou, on sort le carnet de chèques et on régularise la situation au plus vite.

Lors de la création d'une entreprise, on reçoit beaucoup de courriers officiels, mais également quelques « quasi officiels ». Hé oui, dans cette période où l'on est un peu sous l'eau et assez ignorant des procédures administratives, vous êtes une proie facile pour ces charmantes personnes qui créent des arnaques d'inscription à des fichiers. RSI France, Enregistrement Intracommunautaire, Info-Kbis, Inforegistre, AnnuairePro, Registre APE, etc. La liste des arnaques est longue. Les lettres que vous recevez sont très bien tournées, utilisent le langage adapté et ressemblent aux documents officiels. Elles possèdent même les bonnes informations sur votre entreprise (adresse postale, nom du gérant, forme d'entreprise, date d'immatriculation, code APE, etc.). Tout est prêt, il ne vous reste plus qu'à payer et à signer. Pourtant, si l'on lit bien les petites lignes, on se rend compte qu'il ne s'agit que d'un courrier commercial... Soyez vigilant !

Le p'tit conseil du loser

Votre expert-comptable est là pour vous guider dans les méandres de l'administration fiscale. N'hésitez pas à faire appel à lui pour valider le caractère officiel ou non des courriers qui vous sont adressés. Inutile d'engraisser ces entreprises malhonnêtes !

Quelques exemples et photos ici : www.coulersaboite.com/6

À voir aussi

Lire les fiches n° 1, 2, 3, 4, 5, 7, 8, 9, 10, 11, 12, 13, 14, 15, 16, 17, 18, 19, 20, 21, 22, 23, 24, 25, 28, 32, 42, 43, 44, 45, 46, 47, 48, 49, 50, 51, 52, 53, 54, 55, 60, 66, 67, 80, 91, 92, 95 et 98.

7

VOS PARENTS ET VOS PROCHES SONT D'EXCELLENTS CONSEILLERS

Votre tante Josette, super-enthousiaste à l'idée que vous montiez votre entreprise, vous a donné des conseils très intéressants sur les domaines dans lesquels investir. Elle vous a suggéré également de vous développer en Espagne et a même trouvé un cousin avec qui vous pourriez vous associer. Des conseils comme ça, il n'y a que des proches qui peuvent vous les donner sans se faire payer en retour, sachez les prendre en compte !

Certes, vos proches sont fans de votre idée et on peut les comprendre. D'accord, ils veulent vous aider… Mais n'oubliez pas qu'ils n'y connaissent strictement rien ! Attention donc aux conseils farfelus que vous allez recevoir de nombre de personnes qui vont vouloir vous aider. Votre aventure est excitante, ils aimeraient la vivre avec vous. Pourtant, c'est votre projet, pas le leur. Lorsque l'on crée sa boîte, avoir une idée claire du chemin à prendre est déjà difficile. Ne compliquez pas encore les choses en vous laissant influencer par ces conseillers du dimanche qui n'ont aucune véritable expertise dans votre domaine de compétences. Conclusion : ne faites pas la girouette et faites-vous confiance !

Le p'tit conseil du loser

Gardez le cap. Écoutez gentiment vos proches, mais à moins que Josette ne soit *business angel* (et encore...), ne tenez pas compte de ses conseils si avisés. Ce dont vous avez réellement besoin, c'est d'échanger avec des experts de votre domaine d'activité, avec d'autres jeunes entrepreneurs qui se sont lancés dans l'aventure et ont pu rencontrer des difficultés similaires aux vôtres. Ce sont eux qui pourront vous faire progresser et aider à baliser le chemin si ardu de la création d'entreprise.

Voici quelques réseaux sympas à découvrir :
– Apéro Entrepreneurs : www.coulersaboite.com/7A
– Réseau Entreprendre : www.coulersaboite.com/7B
– MoovJee : www.coulersaboite.com/7C

À voir aussi

Lire les fiches nº 1, 2, 3, 4, 5, 6, 8, 9, 10, 11, 12, 13, 14, 15, 16, 17, 18, 19, 20, 21, 22, 32, 33, 34, 35, 36, 37, 38, 39, 40, 41, 42, 48, 60, 61, 66, 85, 88, 95 et 98.

8

APPORTEZ 100 000 € EN CAPITAL, SUR UNE CARTE DE VISITE, ÇA EN JETTE !

C'est bien connu, on n'a pas l'occasion de faire deux fois une bonne première impression. Quoi de plus impressionnant que de lire « SARL au capital de 100 000 euros » sur l'en-tête de votre papier à lettres ? Avec une telle entrée en matière, plus personne ne vous prend pour un petit rigolo : on vous regarde avec respect, vos futurs banquiers compris.

Si vous voulez couler, mettez toutes vos billes dans le capital de votre boîte, c'est garanti 100 % efficace. Car il ne faut pas oublier un élément... capital : le capital social de votre entreprise appartient à l'entreprise elle-même. C'est-à-dire qu'il faut considérer que cet argent est « investi » pendant une durée indéterminée, sans aucune possibilité de le récupérer, même si vous en avez cruellement besoin. On a déjà vu des boîtes possédant un gros capital déposer le bilan, faute de trésorerie. Anticipez donc bien vos besoins en trésorerie avant de déterminer le montant que vous pourrez porter au capital. Et petit conseil supplémentaire : demandez un prêt bancaire au moment où vous créez votre boîte : celle-ci est encore solvable donc le banquier sera à l'écoute, ce qui ne sera peut-être plus le cas dans trois mois...

Le p'tit conseil du loser

Le capital social d'une société doit respecter certaines règles : pour les SA, le minimum est 37 000 euros ; pour les SARL et les SAS, il n'y a pas de minimum requis, vous êtes libre de votre choix. Néanmoins, lorsque vous souhaitez faire un emprunt à une banque, celle-ci peut exiger que la société dispose d'un certain niveau de fonds propres. Dans ce cas, vous pouvez également apporter vos fonds en compte courant d'associé, qui font partie des fonds propres mais sont récupérables ! De plus, le capital représente une forme de garantie pour vos principaux partenaires ; s'il est trop faible, cela peut compliquer votre situation (délais de paiement trop restreints, impact sur votre image, demande de garanties supplémentaires, etc.). À peser méticuleusement, donc !

Il existe différentes formes d'apport en capital au démarrage de son entreprise. Vous en saurez plus ici : www.coulersaboite.com/8

À voir aussi

Lire les fiches n° 1, 2, 3, 4, 5, 6, 7, 9, 10, 11, 12, 13, 14, 15, 16, 17, 18, 19, 20, 21, 22, 25, 32, 48, 56, 57, 58, 59, 60, 66, 82, 95 et 98.

9

QUITTEZ VOTRE ANCIEN JOB EN INSULTANT VOTRE BOSS COMME DANS LA PUB FDJ. BIENTÔT, VOUS SEREZ AUSSI GROS QU'EUX !

On en a tous rêvé, mais vous, vous allez pouvoir le faire : chanter « Au revoir, au revoir, Président ! » vêtu d'un joli slip kangourou et d'un masque de poussin, le tout en pleine réunion. Vous démissionnez, pourquoi vous priver de ce moment de jubilation intense ? En montant votre boîte, vous allez passer par des moments moins funky… ça vous fera un souvenir sympa pour les moments plus difficiles.

Oui, on a tous rêvé de le faire. Mais il est plus que probable que vous soyez amené à évoluer dans le même cercle professionnel que votre ex-boss, car l'on crée souvent une boîte dans un domaine que l'on maîtrise déjà. Vous couper d'une grande partie de votre réseau – on peut supposer sans trop s'avancer que vous serez blacklisté après votre petit numéro de music-hall – ce n'est pas la meilleure stratégie à mettre en place ! Refrénez donc vos ardeurs, et à moins d'avoir gagné au Loto, évitez le costume de poussin et les insultes pour démissionner. Vous avez tout intérêt à partir en bons termes avec votre ex-employeur, il pourrait se transformer en partenaire de votre nouvelle boîte.

Le p'tit conseil du loser

Expliquez que vous ne partez pas parce que vous n'êtes pas satisfait de l'entreprise, mais parce que vous aspirez à vous lancer vous aussi dans la belle aventure de l'entrepreneuriat. L'homme (ou la femme) d'affaires qui est en face de vous ne peut que vous comprendre, et, avec un peu de chance, vous donnera un coup de pouce. Vous pourriez devenir prestataire de votre ancienne boîte, sous-traiter certains clients pour elle, etc. Les possibilités de collaborations sont nombreuses, ne les gâchez pas pour un craquage de cinq minutes !

Et n'oubliez pas que l'État « subventionne » votre démarrage si vous avez droit aux allocations-chômage : www.coulersaboite.com/9

À voir aussi

Lire les fiches n° 1, 2, 3, 4, 5, 6, 7, 8, 10, 11, 12, 13, 14, 15, 16, 17, 18, 19, 20, 21, 22, 24, 28, 30, 32, 37, 48, 49, 56, 57, 60, 61, 62, 63, 64, 65, 66, 67, 68, 69, 70, 85, 89, 95 et 98.

10

VOITURE DE FONCTION ET SITE INTERNET À 40 000 €... RIEN N'EST TROP BEAU POUR MA BOÎTE !

On ne fait pas d'omelette sans casser des œufs. Eh bien, on ne monte pas de boîte sans investir un minimum non plus... Si vous travaillez dans la cabane au fond de votre jardin, téléphonez depuis votre ligne perso ou utilisez des logiciels piratés, vous allez passer pour un beau glandeur. Évidemment, cela coûte de l'argent, mais pour en gagner, il faut commencer par investir. Au diable l'avarice !

Qui a dit qu'il fallait forcément claquer un max pour obtenir des résultats ? Certainement pas Bill Gates qui a commencé dans son garage, n'est-ce pas ? Vous n'avez pas besoin de bureaux en teck et de sièges massants, pas plus que de papier à lettres filigrané ou de site Internet créé par l'une des agences les plus cotées de Paris. Lorsque l'on est en phase de création d'entreprise, il faut la jouer malin. Vous avez un petit bas de laine : il doit vous suffire tout au long de cette phase de « tâtage de marché ». C'est bien joli, mais comment faire ? En n'oubliant pas qu'il est possible de tester une idée pour trois fois rien. Tant que vous êtes en phase de lancement, soyez RADIN. La trésorerie, c'est le carburant de l'entreprise. Même si vous êtes sur le point de réussir, que votre idée est géniale, à partir de l'instant où votre trésorerie affiche zéro, tout s'arrête illico. Ce serait dommage d'aller pointer à Pôle emploi pour ça.

Le p'tit conseil du loser

Pour savoir si votre idée a du potentiel, ne commencez pas par vendre toute la prestation mais assurez-vous que certaines personnes pourraient être clientes. Par exemple, faites une petite vidéo de démonstration et testez les « retours » ; ne créez pas de site Internet complet, mais simplement une landing page[1] où vous détaillez votre futur produit, avec un formulaire d'inscription, puis prévenez tous vos contacts qu'il est en cours de création, etc. Soyez rusé pour ne pas vous ruiner !

Conseil de lecture : *La semaine de 4 heures* de Timothy Ferriss (Pearson, 2010), explique comment lancer des produits sans investir.

À voir aussi

Lire les fiches n° 1, 2, 3, 4, 5, 6, 7, 8, 9, 11, 12, 13, 14, 15, 16, 17, 18, 19, 20, 21, 22, 23, 24, 25, 28, 32, 42, 43, 44, 45, 46, 47, 48, 49, 50, 51, 52, 53, 54, 55, 60, 66, 67, 80, 91, 92, 95 et 98.

1. Page d'accueil.

11

POUR DÉTERMINER VOTRE PRIX DE VENTE, NE VOUS COMPLIQUEZ PAS LA VIE : PRENEZ CELUI DE VOTRE CONCURRENT ET DIVISEZ-LE PAR DEUX

Pas de quoi se faire des nœuds au ventre : la détermination du prix de vente est en réalité un jeu d'enfant ! Zonez dix minutes sur Internet, prenez le prix de votre concurrent direct et divisez simplement par deux. Avec ça, il n'y a aucune raison que ses clients ne finissent pas par acheter chez vous. Par ici les commandes !

La détermination du prix est une étape redoutée par la plupart des jeunes créateurs, car elle revient à se poser la question de la valeur de son idée ou de son temps. Pas de panique pour autant ! Pour déterminer intelligemment votre prix, il faut réussir à résoudre une équation à trois variables. D'abord, prenez en compte le coût, c'est-à-dire ce que vous coûte la réalisation de votre produit (charges fixes, variables, directes, indirectes, etc.). C'est cette variable qui vous donne souvent votre prix plancher, celui en dessous duquel vous êtes certain de ne jamais gagner d'argent. Ensuite, il y a la demande. C'est le prix que votre cible (à bien définir) est prête à mettre dans votre produit, celui qui lui paraît juste : sa valeur psychologique, en somme. Enfin, il y a la concurrence : quel prix va me permettre de me placer intelligemment sur le marché ? Est-ce que je propose un service supérieur qui peut s'accompagner d'un prix plus élevé ? Est-ce que je veux au contraire vendre moins cher, mais avec des volumes plus élevés ?

N'oubliez pas que le prix que vous fixez doit permettre à votre entreprise (et à vous) de gagner de l'argent !

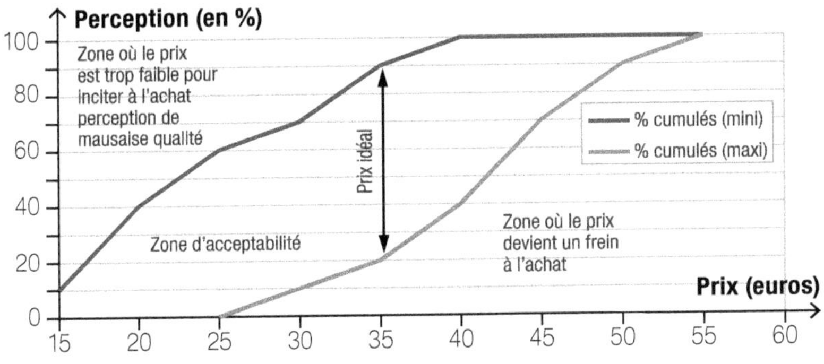

Le p'tit conseil du loser

Pour déterminer votre prix, vous pouvez aussi vendre votre produit avant même de l'avoir entre les mains. Postez quatre annonces avec quatre prix différents sur leboncoin.fr et analysez celle qui remporte le plus de succès (et qui vous rapporte le plus de marge). Dites ensuite que votre produit est en rupture de stock, mais prenez soin de relever les adresses mail et les questions récurrentes de vos prospects. Vous obtiendrez alors un prix, une liste d'mails à relancer à la sortie de votre produit et une FAQ (foire aux questions). Malin, non ?

Vous pouvez aussi lancer une campagne de précommande pour vérifier que des clients sont prêts à sortir le chéquier pour acheter votre produit ou service (sur Kickstarter, KissKissBankBank ou une autre plate-forme de crowdfunding). Mais attention, si vous n'arrivez pas à vos objectifs, pensez bien à rembourser vos clients !

Pour fixer votre prix de vente en tant qu'indépendant, voici deux méthodes : www.coulersaboite.com/11

À voir aussi

Lire les fiches n° 1, 2, 3, 4, 5, 6, 7, 8, 9, 10, 12, 13, 14, 15, 16, 17, 18, 19, 20, 21, 22, 24, 26, 27, 29, 30, 32, 38, 46, 48, 55, 59, 60, 62, 66, 83, 95 et 98.

12

CELUI QUI APPORTE L'IDÉE MÉRITE 90 % DES ACTIONS DE L'ENTREPRISE

Vous vous êtes levé un matin avec une idée géniale, celle qui va forcément cartonner. Bref, vous êtes chaud comme une baraque à frites. C'est sûr, avec une idée pareille, la boîte que vous allez monter va faire un carton. Mais attention, ne vous laissez pas attendrir : vous méritez d'avoir la grande majorité des parts de la société, car c'est sur votre seule idée que repose tout le succès futur de l'entreprise. Pas question, donc, de faire 50-50 avec ceux qui ne font que mettre en pratique ce que vous avez imaginé.

Ah, cette fameuse idée qui vaut des millions. Désolés de vous décevoir, mais une idée, ça ne vaut rien. Que dalle. Nada. Tout le monde en a à la pelle tous les jours, des idées, et ce n'est pas pour autant qu'elles se transforment en poules aux œufs d'or… En même temps, on vous pardonne votre erreur : le storytelling qui entoure les start-up à succès en fait des tonnes sur la bonne idée, mais ne dit rien sur les heures de travail acharné, les nuits à coder ou à monter une argumentation béton pour le banquier. Alors oubliez l'idée ! Le plus important, c'est son exécution par une équipe compétente, créative et réactive.

Le p'tit conseil du loser

Le secret de la réussite d'une entreprise qui se lance, c'est sa capacité à transformer l'idée, à passer à l'action et à surmonter les nombreux obstacles inhérents à la mise en pratique. Et pour réussir cet exercice périlleux, il vous faut une équipe hors pair. Des gens capables de transformer des aléas en opportunités, d'adapter l'idée initiale à la réalité du marché. C'est d'ailleurs pour cela qu'il vaut mieux une équipe géniale avec une idée moyenne que l'inverse. Les investisseurs ne s'y trompent pas (et proposent souvent des moyens privilégiés pour que certains collaborateurs puissent entrer au capital, les BSA[1] ou BSPCE[2])...

Pour en savoir plus, consultez le multiplicateur idée/exécution de Derek Sivers (en anglais) : www.coulersaboite.com/12

À voir aussi

Lire les fiches n° 1, 2, 3, 4, 5, 6, 7, 8, 9, 10, 11, 13, 14, 15, 16, 17, 18, 19, 20, 21, 22, 25, 32, 48, 56, 57, 58, 59, 60, 66, 82, 95 et 98.

1. Bon de souscription d'action.
2. Bon de souscription de parts de créateur d'entreprise.

13

INVESTISSEZ MASSIVEMENT SUR UNE ÉTUDE DE MARCHÉ MONDIALE !

Préparez dès à présent votre expansion globale et votre adaptation aux marchés étrangers si vous les sentez porteurs. Eh oui, ce genre d'études, ça ne va pas vous prendre cinq minutes. Alors autant s'y mettre tout de suite, car il vous faudra au moins un échantillon de mille personnes pour que le tableau dressé persuade votre banquier de sortir son carnet de chèques. Vous avez donc tout intérêt à vous montrer sérieux dans votre approche…

Pas de panique, il n'est pas nécessaire de prendre contact avec la Terre entière pour obtenir une étude de marché qui tienne la route. Laissez tomber aussi l'idée de faire appel à une entreprise spécialisée : elle vous facturera à prix d'or une étude qui sera obsolète au moment où vous la recevrez. Soyez plutôt pragmatique. En croisant plusieurs méthodes éprouvées et peu coûteuses, vous pouvez obtenir sans (trop de) difficulté une étude de marché digne de ce nom. Facile à dire, pensez-vous ? Allez, on vous donne une recette qui fonctionne bien. Commencez par vérifier les volumes de recherche dans votre domaine sur Google AdWords. Ensuite, soumettez un questionnaire à votre cible *via* des forums, des réseaux professionnels comme LinkedIn ou sociaux comme Facebook, ou encore des blogs. Croisez le tout, et voilà, vous obtenez une première vision de votre marché !

Le p'tit conseil du loser

Soignez bien la rédaction de votre questionnaire, c'est de sa qualité que dépendra la valeur des réponses que vous obtiendrez. Il ne doit pas être trop long pour ne pas décourager les sondés, pas trop orienté ni fermé pour leur laisser une véritable possibilité d'exprimer leur avis. Pensez enfin à leur suggérer de laisser des commentaires personnels, vous serez surpris de la pertinence de ce que vous y trouverez.

Pour vos sondages en ligne, vous pouvez utiliser des outils gratuits comme :
– SurveyMonkey : www.coulersaboite.com/13A
– Google Forms : www.coulersaboite.com/13B

À voir aussi

Lire les fiches n° 1, 2, 3, 4, 5, 6, 7, 8, 9, 10, 11, 12, 14, 15, 16, 17, 18, 19, 20, 21, 22, 32, 33, 34, 35, 36, 37, 38, 39, 40, 41, 42, 48, 60, 61, 66, 85, 88, 95 et 98.

14

LE BUSINESS PLAN EST INDISPENSABLE, FAITES-EN UN ET SUIVEZ-LE À LA LETTRE

On l'a assez lu dans Management, Capital *et* Challenges *: le préalable à tout projet d'entreprise, c'est la création d'un business plan. Eh oui, lorsque l'on monte sa boîte, il est indispensable d'avoir cette boussole pour vous guider tout au long de ce processus si difficile. D'autant qu'avoir des projections claires – et justes – sur la rentabilité à venir, c'est hyper-rassurant.*

Ouh là là, vous y croyez à ces salades ? Le business plan n'est pas une boule de cristal (sinon tant qu'à faire, vous devriez y inscrire le numéro gagnant de l'Euromillion de la semaine prochaine !), mais un simple guide stratégique. Ce qui, en soi, n'est déjà pas si mal... Sachez-le, la réalité, le terrain l'emporte largement sur la vision portée par un business plan. Car les perspectives qu'il propose ne sont qu'élucubrations (réfléchies, certes) qui dépendent d'hypothèses (toujours réfléchies, certes) indexées sur des scénarios eux-mêmes incertains (même s'ils sont réfléchis, eux aussi). Et ces perspectives ne peuvent pas tenir compte de la conjoncture à venir, ni des réactions des futurs clients, ni même des compétences effectives du créateur d'entreprise plongé dans le cambouis de la création d'entreprise. Cela fait nombre d'inconnues dans l'équation... Ne sacralisez donc pas ce bout de papier, vous finiriez par le brûler.

Le p'tit conseil du loser

Ne rejetez pas non plus en bloc le business plan. Souvent, la démarche permet de clarifier la vision et de faciliter la prise de décision. Sans compter que c'est un exercice indispensable si vous devez dépendre d'un banquier, d'investisseurs ou de subventions publiques. Bref, lorsque vous rédigez votre business plan, pas la peine d'en faire des tonnes : soyez synthétique et surtout le plus pragmatique possible. Pensez à rédiger un *executive summary*[1] pertinent, synthétique et percutant : c'est souvent la seule partie du business plan que liront la plupart de vos interlocuteurs !

Pour vous guider, téléchargez cet e-book gratuit : www.coulersaboite.com/14

À voir aussi

Lire les fiches n° 1, 2, 3, 4, 5, 6, 7, 8, 9, 10, 11, 12, 13, 15, 16, 17, 18, 19, 20, 21, 22, 32, 48, 60, 66, 95 et 98.

1. Synthèse managériale de deux pages.

C'EST DU VÉCU
SOYEZ PRAGMATIQUE !

Frédéric Domon est président de PREDA, solutions de microlearning

En 2009, j'ai créé Socialearning, une start-up d'e-learning qui proposait de nouveaux modes de transmission des savoirs collaboratifs. Ce concept, qui se développait à l'étranger, m'a paru intéressant et novateur. J'ai donc souhaité le faire connaître en France et le développer en entreprise. Cela a commencé très fort, mon projet intéressait beaucoup. J'ai rempli de nombreuses salles de conférences : j'étais donc persuadé que cela allait fonctionner. Malgré ces signaux positifs, le projet ne décollait pas commercialement. Entre évangéliser un marché et le convertir en clientèle, il y avait un fossé que je n'arrivais pas à franchir… Résultat, je me suis acharné sans succès, persuadé d'être dans le vrai, et j'ai terminé totalement épuisé, en burn-out, dans une situation financière difficile.

Soyez pragmatique lorsque vous montez votre projet. Le mien était trop en rupture avec ce que pouvaient accepter mes interlocuteurs. Avant de leur vendre du social learning, j'aurais sûrement dû leur proposer des étapes intermédiaires plus en ligne avec leur compréhension du domaine.

Confrontez-vous tout de suite au marché, aux clients potentiels. Si vous n'arrivez pas à convertir vos premiers prospects rapidement, c'est qu'il y a sûrement un problème dans votre concept. Avoir une super-offre, ce n'est pas uniquement faire la une. C'est enregistrer un bon taux de closing. Ne vendez pas de la philosophie : il n'existe pas de ligne budgétaire pour. Restez donc sur ce que le marché peut accepter, car vous n'aurez jamais raison contre lui. Plus vite vous vous en rendrez compte, plus vous aurez de chances de pivoter et de réussir.

En cas de difficulté, ne vous enfermez pas. Si vous avez du mal à en parler à vos proches, n'hésitez pas à échanger avec d'autres entrepreneurs qui seront à même de vous comprendre. Être entrepreneur, ça n'est pas être Superman, vous avez le droit d'avoir des baisses de moral. En libérant la parole, vous serez bien plus apte à affronter les obstacles qu'en restant seul !

15

ATTENDEZ QUE TOUT SOIT VRAIMENT PRÊT AVANT DE VOUS LANCER

Ça y est, c'est décidé, vous montez votre entreprise. Bravo ! Mais attention : logo, site Web, plan de communication, tout doit être impeccable. La première qualité d'un entrepreneur, c'est son exigence de qualité, son souci du détail. Ne vous précipitez pas tête baissée, vous risqueriez de tout gâcher en vous lançant sur le marché avant d'être correctement préparé.

L'une des meilleures manières de « planter » son entreprise reste encore de ne jamais la monter. Ça paraît bête, mais n'avez-vous jamais rencontré un ami ou un parent qui avait une idée de boîte révolutionnaire ? Où en est-il aujourd'hui ? Sa vie de milliardaire se passe comme il le souhaite ? Non, bien sûr. Car si vous passez un an à vérifier que tout est prêt, mais vraiment super-prêt, vous n'allez pas à la rencontre de vos futurs clients. Ce qui fait que vous n'allez rien facturer et surtout vous n'allez pas rentrer un centime... Vous vous rémunérez comment ? C'est un coup à sérieusement se demander pourquoi vous vous levez le matin...

Le p'tit conseil du loser

Inutile de le cacher, se lancer peut faire très peur : crainte d'échouer, de se retrouver ruiné, de mettre son confort en danger. Dans la balance, face à une prétendue idée révolutionnaire, c'est souvent la peur qui remporte la bataille. Mais que sont réellement ces craintes ? Vous ne savez pas si tout est prêt pour que ça marche ? Voici un scoop : vous ne le saurez jamais avant de vous être lancé. Vous avez peur de ne pas retrouver de boulot par la suite ? Un entrepreneur est curieux, passionné, et ne compte pas ses heures. Présentez-nous un seul recruteur qui ne cherche pas ces qualités. Alors lancez-vous, au pire, vous rebondirez ! Car en essayant, vous pouvez échouer. Mais en n'essayant pas, vous êtes sûr de ne pas réussir.

Conseil de lecture : *Effectuation : les principes de l'entrepreneuriat pour tous*, de Philippe Silberzahn (Pearson Education, 2014).

À voir aussi

Lire les fiches n° 1, 2, 3, 4, 5, 6, 7, 8, 9, 10, 11, 12, 13, 14, 16, 17, 18, 19, 20, 21, 22, 32, 48, 60, 66, 95, 98.

16

NE PARLEZ PAS DE VOTRE PROJET SI VOUS NE VOULEZ PAS QU'ON VOUS LE VOLE

Votre projet est révolutionnaire ? Danger ! Les gogos qui se font voler leurs idées parce qu'ils ont eu la bêtise d'en discuter ouvertement ont monté un club à Pôle emploi. Mettez toutes les chances de votre côté pour ne pas vous faire copier : restez discret, ne divulguez rien, surtout aux prétendues personnes pleines de bonne volonté qui vous doubleront dès que l'occasion se présentera.

L'essentiel est dans l'e-xé-cu-tion ! Si vous apportez l'idée, la créativité et l'énergie, le reste – c'est-à-dire la mise en œuvre, en gros l'essentiel du boulot ! – est coconstruit avec votre environnement professionnel. Mieux vous serez entouré (qualitativement et quantitativement), plus votre projet aura des chances d'émerger vite et bien. Pas la peine, donc, de planquer votre idée sur microfilm dans votre dent creuse, à côté de la capsule de cyanure au cas où un concurrent voudrait vous extorquer votre idée… C'est au moment du passage au concret que commence la véritable bataille. Avant, c'est « *peanuts* », souvenez-vous en cette fois-ci. Bon, n'allez quand même pas jusqu'à déballer les ficelles de votre projet à vos concurrents ou à des individus dont vous identifiez mal le rôle, il ne faut pas être naïf non plus, OK ?

Le p'tit conseil du loser

Le parcours d'un entrepreneur est par essence solitaire et incertain. Pour limiter la casse, il vous faut bâtir un maximum de liens avec des personnes issues de divers milieux professionnels. Échangez, écoutez, engrangez des avis. Parmi la multitude d'interlocuteurs, une bonne partie vous apportera un éclairage nouveau, et, encore plus important, vous ouvrira les portes de son réseau.

Utilisez LinkedIn pour découvrir le réseau de votre réseau, ça vous permettra d'aller encore plus vite : www.coulersaboite.com/16

À voir aussi

Lire les fiches n° 1, 2, 3, 4, 5, 6, 7, 8, 9, 10, 11, 12, 13, 14, 15, 17, 18, 19, 20, 21, 22, 32, 48, 60, 66, 95, 98.

17

VOUS AVEZ BIEN REGARDÉ, IL N'Y A PAS DE CONCURRENT SUR VOTRE IDÉE, LANCEZ-VOUS !

Votre super-idée, personne ne l'a eue. C'est à peine croyable d'avoir une telle veine... Sans concurrence directe, le monde vous appartient ! Vous allez pouvoir développer en toute tranquillité votre projet dans le monde entier sans vous soucier de vous démarquer des autres. Sans compter qu'avec un marché si ouvert, les investisseurs vont se battre pour vous suivre.

Hum, ça ne vous paraît pas un peu louche comme raisonnement ? Partir de zéro, vous croyez vraiment que c'est un avantage ? Il faut tout imaginer, tout créer car il est impossible de savoir quel modèle économique va faire ses preuves. Vous ne pouvez pas non plus avoir d'avis d'utilisateurs ni jouer au « client mystère ». Bref, avec une idée totalement neuve, vous devez tout tester, tout prouver. Que de temps perdu, d'incertitudes, de scénarios démentis une fois l'essai effectué... et d'argent dépensé. Finalement, contrairement aux apparences, il n'y a pas tant d'avantages que cela à se lancer dans un projet 100 % novateur. À l'inverse, l'un des principaux intérêts du projet déjà concurrencé repose sur le fait que la validation du marché est déjà faite ! Du coup, il reste beaucoup moins à valider : il y a essentiellement à copier... mais en mieux. L'innovation peut venir d'ailleurs ! Repensez par exemple à une nouvelle manière de distribuer un produit ou un service existant. Uber, vous connaissez ?

Le p'tit conseil du loser

Vous l'avez compris, à moins d'avoir les épaules solides et les poches pleines, mieux vaut éviter les idées qui comportent trop d'innovations et d'originalité, car elles vous coûteraient trop cher et seraient trop longues à mettre en place. Foncez plutôt sur un projet peut-être moins original, mais pour lequel vous proposerez un petit « plus » par rapport à l'offre qui existe déjà : stratégie d'offre différenciée, implantation géographique différente, etc., à vous de voir. L'essentiel, c'est de profiter de la présence de ces acteurs qui ont eu la gentillesse de vous défricher le marché avant que vous arriviez !

Pour en savoir plus sur Rocket Internet, les spécialistes de l'innovation dupliquée sur un autre territoire (copycat) (en anglais) : www.coulersaboite.com/17

À voir aussi

Lire les fiches n° 1, 2, 3, 4, 5, 6, 7, 8, 9, 10, 11, 12, 13, 14, 15, 16, 18, 19, 20, 21, 22, 32, 33, 34, 35, 36, 37, 38, 39, 40, 41, 42, 48, 60, 61, 66, 85, 88, 95 et 98.

18

VOUS AVEZ PEUR DE VOUS LANCER SEUL ? ASSOCIEZ-VOUS !

Disons-le tout net, se lancer tout seul, c'est flippant. Surtout quand on a une âme de labrador-qui-ne-supporte-pas-la-solitude. Si vous avez eu un coup de cœur professionnel, n'hésitez plus et proposez l'association. Vous le verrez très vite, les avantages d'un projet monté à plusieurs sont multiples. En clair : une seule solution, l'association !

Si votre motivation première pour vous associer, c'est éviter la solitude et travailler avec votre meilleur pote, vous risquez d'avoir un réveil douloureux. S'associer, c'est un acte lourd de conséquences, donc une décision qu'il ne faut en aucun cas prendre à la légère. D'abord, choisissez quelqu'un dont les compétences sont complémentaires aux vôtres. Puis, avant de sceller de votre sang votre destin commun, mettez sur la table les sujets qui pourraient poser problème par la suite. Répartissez les responsabilités et les parts de l'entreprise, déterminez qui prend le leadership (il faut bien que quelqu'un mène la danse, même si vous êtes à 50/50), etc. Si vous ne souhaitez pas aller jusqu'à la rédaction d'un pacte d'associés, tentez un contrat moral tacite qui fixera les limites d'investissement de chacun. Enfin, soyez tolérant et osez communiquer quand ça ne va pas. Au resto, sur un trajet, par téléphone. Rien de pire que les non-dits pour miner votre collaboration.

Le p'tit conseil du loser

Si vos compétences représentent la majorité de la valeur ajoutée de votre projet, monter sa boîte en solo présente bien des avantages. On garde plus de parts, c'est plus simple pour incarner la boîte, pas de tractations complexes à chaque décision, les avantages ne sont pas négligeables. Attention, cependant, lorsque l'on décide de la jouer cow-boy solitaire, il faut savoir s'entourer encore plus : mentors, patrons aguerris ou réseaux d'entrepreneurs sauront vous aider dans votre démarche.

Voici une liste de questions à se poser avant de s'associer sur l'excellent blog de Guilhem Bertholet : www.coulersaboite.com/18

À voir aussi

Lire les fiches n° 1, 2, 3, 4, 5, 6, 7, 8, 9, 10, 11, 12, 13, 14, 15, 16, 17, 19, 20, 21, 22, 32, 48, 60, 66, 95 et 98.

19

DES LOCAUX IMMENSES, EN PLEIN CENTRE, POUR PRESQUE RIEN ? FONCEZ !

Évidemment, vous œuvrez toute la journée pour que votre boîte renvoie une bonne image à vos clients. Qualité de votre service après-vente (SAV), de votre démarche commerciale, de vos produits et services, etc. C'est très bien. Mais un autre élément qui compte aussi, c'est l'emplacement et le look de vos locaux. Alors si vous trouvez une belle adresse en centre-ville qui ne vous ruine pas, foncez, vous ferez bien meilleure impression qu'au fin fond d'une zone commerciale un peu glauque.

Nous vous l'avons déjà dit, on n'a pas deux fois l'occasion de faire une bonne première impression à ses clients... Pour autant, ne foncez pas tête baissée sur cette prétendue super-aubaine. Des locaux bien placés pas cher et immenses, c'est peut-être un peu trop beau pour être vrai, non ? Sortez votre fidèle Casio FX92 spéciale collège et faites les comptes. Quel est le montant de la taxe foncière des entreprises à cet endroit ? Parfois, ça peut vous coûter un bras, et nous restons polis. À combien s'élèvent les impôts locaux ? Sont-ils à la charge du locataire (cela dépend du bail, donc méfiance) ? Quel est le mode de chauffage ? Dans les locaux en plein centre, il arrive souvent que ce soit au gaz... et chauffer 500 m^2 au gaz, ça risque de vous motiver pour bosser en moufles cet hiver ! Bref, prenez en compte tous les frais annexes pour savoir combien vous coûteront vos locaux à la fin de l'année, vous éviterez les mauvaises surprises.

Le p'tit conseil du loser

Petite astuce supplémentaire si vous décidez de sauter le pas pour des locaux un peu grands mais qui valent le coup : vérifiez que votre bail vous offre la possibilité de sous-louer une partie de l'espace. En cas de difficulté, ce petit coup de pouce sur le loyer peut vous éviter des nuits blanches...

Sinon, il existe de nombreux espaces de coworking où tout est géré (l'entretien, l'imprimante, la connexion Internet, etc.) : www.coulersaboite.com/19

À voir aussi

Lire les fiches n° 1, 2, 3, 4, 5, 6, 7, 8, 9, 10, 11, 12, 13, 14, 15, 16, 17, 18, 20, 21, 22, 23, 24, 25, 28, 32, 42, 43, 44, 45, 46, 47, 48, 49, 50, 51, 52, 53, 54, 55, 60, 66, 67, 80, 91, 92, 95 et 98

20

EN FAIT, AVOIR UNE BOÎTE, C'EST SURTOUT UNE QUESTION DE FLAIR…

On aura beau vous dire que la qualité de votre business plan, de vos partenaires et de la gestion est essentielle pour réussir votre projet d'entreprise, il reste un fait indéniable : le flair, c'est le plus important. Si vous avez « senti » le marché, eu la bonne idée au bon moment, vous partez avec une sacrée longueur d'avance. Pas la peine de se prendre la tête avec les détails quand on a le bon feeling !

La prévalence du flair dans la réussite d'une jeune boîte, c'est une légende urbaine que se transmettent les apprentis entrepreneurs dans les coins sombres des pubs pendant les *happy hours*… En réalité, avoir la bonne idée au bon moment, c'est 5 à 10 % du boulot, et encore nous sommes généreux. Là où vous ferez la véritable différence, c'est sur votre pragmatisme, votre capacité à répondre aux problématiques du marché et de vos clients. Savoir anticiper une évolution du marché avant les autres, savoir investir le moins possible pour obtenir un résultat équivalent à celui de votre concurrent qui aura dépensé le double, c'est ça qui compte. Bref, votre capacité à prendre des décisions rapidement tout en ayant réfléchi à ses conséquences va avoir bien plus de poids sur l'évolution de votre boîte qu'une espèce de sixième sens qui guiderait vos actions… Vous êtes entrepreneur, pas chaman !

Le p'tit conseil du loser

Le hasard n'a rien à voir dans l'entrepreneuriat, c'est le travail qui fait tout. Alors plongez-vous dans votre marché, rencontrez des prospects, analysez les retours de vos clients. Faites le maximum pour comprendre votre business et ses perspectives. C'est ça qui fera toute la différence.

À voir aussi

Lire les fiches n° 1, 2, 3, 4, 5, 6, 7, 8, 9, 10, 11, 12, 13, 14, 15, 16, 17, 18, 19, 21, 22, 32, 48, 60, 66, 95 et 98.

21

PEU IMPORTE CE QUE VOUS FAITES, FAITES QUELQUE CHOSE, TOUT LE TEMPS

L'immobilisme, c'est la mort de l'entrepreneuriat. Dès que vous pouvez vous consacrer à votre projet, faites-le. En cherchant bien, il y a forcément quelque chose à faire, ne serait-ce que répondre à quelques mails. Ne prenez pas le risque de perdre votre rythme de travail, vous finiriez par procrastiner toute la journée. Et ce n'est pas comme ça que l'on fait tourner une boîte !

Être efficace et être occupé, ce n'est pas du tout la même chose. Ne vous laissez pas polluer par les sollicitations extérieures. Vous devez apprendre à aller à l'essentiel, à trier les actions à accomplir. Selon le principe de Pareto, 20 % de votre activité génère 80 % des résultats de votre activité. En conséquence, identifiez ces tâches stratégiques qui font réellement avancer votre projet d'entreprise, et consacrez-leur le temps nécessaire. Puis déléguez le reste, si possible. Même principe pour votre offre commerciale : au début, on est tenté de tout faire, de tout vendre… Restez concentré sur LE produit qui vous rapporte 80 % du chiffre d'affaires et vous économiserez beaucoup de temps et d'énergie. Votre temps constitue votre bien le plus précieux !

Le p'tit conseil du loser

Gardez toujours en tête vos objectifs de fond. Pour éviter de vous laisser distraire par la gestion du quotidien, réservez-vous des plages horaires de travail intensif sans aucune sollicitation extérieure. Dans la même veine, maniez le management par l'absence : vos collaborateurs peuvent bien souvent résoudre un problème sans vous le soumettre dans la minute où il se pose. Et puis ne consultez pas tout le temps votre messagerie. Trois fois par jour, c'est un maximum, au-delà, vous vous laisseriez noyer. Enfin, fixez-vous moins d'objectifs à la fois, mais tenez bon. Quitte à désactiver Facebook (si, si, on peut le faire !) pour y arriver.

Voici un outil génial (et gratuit) pour organiser son travail : www.coulersaboite.com/21

À voir aussi

Lire aussi les fiches n° 1, 2, 3, 4, 5, 6, 7, 8, 9, 10, 11, 12, 13, 14, 15, 16, 17, 18, 19, 20, 22, 31, 32, 48, 60, 66, 71, 72, 73, 74, 75, 76, 77, 78, 79, 80, 81, 82, 83, 84, 85, 86, 87, 95 et 98

22

SI VOUS AVEZ PEUR, SURTOUT NE PRENEZ AUCUNE DÉCISION

C'est une question de bon sens : quand on a un doute, il faut suivre son instinct. Plutôt que de prendre une décision foireuse qui risque de mettre en péril votre projet d'entreprise, prenez tout le temps nécessaire pour bien réfléchir et peser le pour et le contre. Mieux vaut ne pas prendre de décision du tout que de faire un mauvais choix.

Bravo, c'est une solution parfaite pour tout rater ! Première possibilité, vous vous lancez, mais vous avez peur de le faire vraiment. Si vous ne faites rien pour développer votre business ou le lancer réellement, les choses n'évolueront pas. C'est bête à dire, mais 100 % des gens qui ont réussi ont essayé. Deuxième possibilité, vous avez lancé votre boîte et ça marche. Vous ne voyez pas pourquoi vous devriez changer quelque chose. Pas bête. Sauf que votre marché évolue en même temps que la société. Donc refuser de prendre des décisions et d'évoluer, c'est prendre le risque de laisser un concurrent mieux « coller » aux nouveaux besoins de votre marché. André Gide l'avait dit avant nous : choisir, c'est renoncer. Fermez les yeux une minute pour méditer la profondeur de cette pensée... C'est fait ? Alors zou, fini l'immobilisme, prenez des décisions ! Il est impossible de faire tourner une entreprise sans faire de choix.

Le p'tit conseil du loser

L'entrepreneuriat n'est pas une science exacte. Les variables sont bien trop importantes pour être systématiquement sûr de son fait. Allez, on vous le dit : vous allez vous tromper, peut-être même souvent. Mais ce n'est pas la fin du monde, au moins, vous avancerez et pourrez tirer des leçons des loupés.

Voici six façons de prendre des mauvaises décisions : www.coulersaboite.com/22

À voir aussi

Lire les fiches n° 1, 2, 3, 4, 5, 6, 7, 8, 9, 10, 11, 12, 13, 14, 15, 16, 17, 18, 19, 20, 21, 32, 48, 60, 66, 95 et 98.

23

AVANT D'ARRÊTER, ÊTES-VOUS SÛR D'AVOIR TOUT TENTÉ ?

Avoir des baisses de moral lorsque l'on crée son entreprise, c'est normal. De là à laisser tomber dès la première difficulté, il n'y a qu'un pas, que beaucoup d'entrepreneurs pas assez sûrs d'eux-mêmes franchissent. C'est dommage! Ne vous laissez pas gagner trop vite par le spleen en croyant que c'est foutu. Il y a peut-être des solutions pour que votre projet connaisse un second souffle : n'arrêtez que si vous avez vraiment tout tenté.

Il faut bien faire le distinguo entre la « gnaque » et l'acharnement. Beaucoup d'entrepreneurs vous le diront : une boîte que l'on a créée, c'est un peu comme un enfant que l'on a vu naître, que l'on a nourri et élevé. Quand il s'agit de faire le constat de son échec et d'y mettre un terme, beaucoup se voilent la face. Se disent qu'ils peuvent encore tenter un truc. Puis un autre. Jusqu'à se mettre en situation financière et psychologique dangereuse. Mieux vaut donc savoir s'arrêter avant de devoir en payer les conséquences. Et surtout, ne confondez pas l'échec de votre entreprise avec un échec personnel. Au contraire, soyez fier de vous, car vous au moins, vous avez eu le courage d'essayer ! Regardez, certains losers en font même des livres…

Le p'tit conseil du loser

Quand son entreprise ne va pas bien, ce n'est pas facile de rester objectif. Mettez en place des métriques simples pour mesurer les performances de votre boîte, cela vous aidera à rester impartial dans votre analyse. Et échangez régulièrement avec votre expert-comptable, votre maître Yoda rien qu'à vous. C'est ainsi que vous pourrez mesurer l'état de santé de votre boîte et décider si cela vaut le coup de continuer. L'association 60 000 rebonds peut vous apporter le soutien et les conseils nécessaires pour faire les bons choix : www.coulersaboite.com/23

À voir aussi

Lire les fiches n° 1, 6, 10, 19, 24, 25, 28, 42, 43, 44, 45, 46, 47, 48, 49, 50, 51, 52, 53, 54, 55, 67, 78, 80, 91, 92, 93, 94, 95, 96, 97, 98, 99 et 100.

24

LANCEZ-VOUS D'ABORD, VOUS VERREZ BIEN PLUS TARD COMMENT GAGNER DE L'ARGENT

Sans prise de risque, l'entrepreneuriat n'existerait pas : alors prenez votre courage à deux mains et lancez votre activité sans plus attendre. C'est une fois que vous aurez démontré que vous pouvez vous faire une place sur le marché que vous vous attaquerez à la question : comment gagner de l'argent ? Attention, ne vous y collez pas avant, vous prendriez le problème à l'envers. Rome ne s'est pas faite en un jour, Microsoft non plus.

Autant rester au lit avec un bon bouquin. Ou alors, lancez-vous dans le bénévolat, cela revient exactement au même. Eh oui : faire de l'audience, montrer qu'il y a un marché, c'est bien, ça peut attirer des investisseurs. Mais si vous ne savez pas dès le début comment monétiser les choses, vous risquez de partir sur une activité qui ne survivra que sous perfusion, jusqu'à ce que les financeurs se lassent de mettre la main à la poche. La liste des nouvelles structures qui se sont pris le mur à cause de cela est bien assez longue... N'y ajoutez pas la vôtre ! Certaines start-up ont pourtant trouvé un moyen de financement très confidentiel. Pour cela, il vous suffit d'aller vendre vos produits ou services. Surprenant, non ?

Le p'tit conseil du loser

Si vous créez une entreprise, c'est pour gagner de l'argent, non ? Avant de partir bille en tête dans votre projet, assurez-vous d'abord que la rentabilité est possible. OK, pas au bout d'une semaine, mais dans un temps raisonnable. Et surtout, soyez pragmatique : oubliez les super-aides pour des gens qui n'auront pas les moyens de se les payer (comme proposer du coaching à des chômeurs), exit les produits trop spécifiques qui n'auront pas plus de trois clients et les concepts où l'on ne cherche pas à retenir les clients sur le long terme !

Songez à ces start-up qui ont disparu en 2014 : www.coulersaboite.com/24

À voir aussi

Lire les fiches n° 1, 6, 9, 10, 11, 19, 23, 25, 26, 27, 28, 29, 30, 37, 38, 42, 43, 44, 45, 46, 47, 48, 49, 50, 51, 52, 53, 54, 55, 56, 57, 61, 59, 62, 63, 64, 65, 66, 67, 68, 69, 70, 80, 83, 85, 89, 91 et 92.

25

DONNEZ DES PARTS DE LA BOÎTE À VOS MEILLEURS CONSEILLERS. ILS SONT SYMPAS QUAND MÊME !

Souvent, lorsque l'on monte sa boîte, obtenir des conseils de personnes qualifiées relève du harcèlement… Et l'on peut comprendre qu'ils n'aient pas envie de vous consacrer leur temps libre pour la gloire. Certes, à ce stade de l'exercice, vous n'avez pas les fonds nécessaires pour les rémunérer. Dans ce cas, pourquoi ne pas verser des parts à vos mentors en échange de leurs conseils ? Vous seriez guidé et eux n'auraient pas l'impression d'être lésés puisqu'ils seraient associés à votre futur succès. Deal gagnant-gagnant.

Les conseils, c'est super-bien. Mais donner des parts de votre boîte en échange, c'est un tantinet excessif : des mots n'ont jamais fait gagner de l'argent, il faut les mettre en pratique. En plus, rien ne vous dit que vos soi-disant mentors vont réellement retrousser leurs manches et vous donner un coup de main. Peut-être que les trois phrases échangées à chaque rencontre sont le maximum auquel ils soient prêts à se soumettre. Après tout, ils n'ont strictement rien à perdre et pas grand-chose à gagner… Mieux vaut donc éviter de diluer votre capital à tour de bras. D'autant qu'il est bien plus judicieux d'en garder un morceau pour vos collaborateurs clés, qui, eux, vont vraiment se décarcasser pour l'entreprise.

Le p'tit conseil du loser

Dès que vous en avez les moyens, payez vos mentors, cela vous coûtera beaucoup moins cher que de leur donner des parts. Et tant que votre trésorerie ne vous permettra pas de faire appel à des conseils rémunérés, débrouillez-vous pour vous faire aider gratuitement. Souvent, la meilleure rémunération pour les mentors bienveillants se matérialise par des nouvelles régulières, des échanges riches et sincères, un resto de temps à autre… mais surtout le plaisir de voir que vous prenez votre envol ! Pensez également à pousser la porte des incubateurs gratuits. Vive le système D !

Voici une liste d'incubateurs : www.coulersaboite.com/25

À voir aussi

Lire les fiches nº 1, 6, 8, 10, 12, 19, 23, 24, 28, 42, 43, 44, 45, 46, 47, 48, 49, 50, 51, 52, 53, 54, 55, 56, 57, 58, 59, 60, 67, 80, 82, 91 et 92.

26

NE VOUS INSPIREZ PAS DE VOS CONCURRENTS : PAR DÉFINITION, ILS SONT MOINS BONS ET COMPRENNENT MOINS BIEN LE MARCHÉ

Si vous avez senti qu'il y avait de la place pour vous sur ce marché, c'est que les concurrents n'avaient pas bien fait leur boulot. Vous êtes l'incarnation du renouveau. N'allez surtout pas faire la boulette de vous inspirer des pratiques des autres, vous risqueriez de vous laisser influencer et de devenir aussi mauvais qu'eux.

Sinon, ça va, les chevilles ? Jetez un œil autour de vous, vous verrez, ça peut être instructif. Ben oui, vous n'êtes pas le seul à vous être risqué sur ce segment, d'autres l'ont fait avant vous, en plus avec succès, puisqu'ils sont encore là. Ces boîtes qui ont défriché le marché constituent un excellent moyen de savoir ce qui fonctionne et ce qui ne marche pas. Profitez de cette aubaine et scrutez-les à la loupe : quelles sont leurs grandes réussites ? pourquoi ? quelles sont leurs bonnes pratiques ? comment les mettre en place ? En tirant des leçons de leur expérience, vous éviterez de perdre du temps à réinventer l'eau tiède et de commettre les mêmes erreurs qu'elles. Conclusion, rangez votre orgueil mal placé au placard, vous gagnerez du temps et de l'argent.

Le p'tit conseil du loser

S'inspirer, ce n'est pas faire du copier-coller. Une fois que vous aurez tiré le meilleur de la concurrence, concentrez-vous sur les moyens de vous démarquer d'elle. Le plus évident, c'est de travailler à partir des points faibles des autres. Commencez par identifier les failles dans les produits ou services des autres boîtes ; puis cherchez des solutions pour proposer une version qui apporte un vrai « plus ». Les chances pour que les clients affluent ne sont pas mauvaises... Une bonne idée peut consister à embaucher un ancien du secteur qui connaît les bonnes pratiques, voire, si vous en avez le temps, d'aller faire un stage, un CDD ou de l'intérim chez vos concurrents avant de vous lancer !

Pour votre veille concurrentielle sur le Web, vous pouvez utiliser Mention (www.coulersaboite.com/26A) ou encore Google Alerts (www.coulersaboite.com/26B) et ainsi recevoir les dernières informations en live !

À voir aussi

Lire les fiches n° 11, 24, 27, 29, 30, 38, 46, 55, 59, 62 et 83.

27

SOUS-TRAITEZ ENTIÈREMENT LA RÉALISATION DE VOTRE PRODUIT

En général, les créateurs d'entreprise ont un profil plutôt business. Pas facile, donc, de trouver les bons contacts techniques pour développer en interne la réalisation de votre produit. Pourquoi ne pas sous-traiter entièrement ? Faire développer par une société spécialisée, c'est simple, efficace et on gagne du temps, car on n'a pas besoin de s'en occuper : on récupère le produit moyennant un budget et un délai qui auront été définis au départ.

C'est sûr, présenté comme cela, la solution paraît idéale, mais au final, c'est une fausse bonne idée. Ne perdez pas de vue que vous en êtes aux balbutiements de votre projet. Il est encore soumis régulièrement à des changements, parfois importants. La définition du « produit idéal » que vous souhaitez obtenir de votre sous-traitant va forcément évoluer entre le démarrage du projet et la livraison. À chaque retour, remarque ou identification de nouveau besoin, vous allez apporter des modifications. Conséquence : le budget va exploser et le résultat ne correspondra pas à vos attentes. Et si vous envisagez la sous-traitance comme une première étape après laquelle vous comptez reprendre la main, sachez que ce ne sera pas si facile que cela. La reprise de l'existant par une autre équipe, même la vôtre, sera plus difficile car conditionnée par les technologies utilisées. Vous risquez de devoir redémarrer à zéro… Conclusion, votre produit est aussi le cœur de votre boîte et donc ce qui constitue sa valeur : restez maître de sa réalisation !

Le p'tit conseil du loser

Votre produit, c'est votre cœur de métier ! L'idéal étant d'essayer de produire vous-même (si ce n'est pas trop technique) ce que vous pensez externaliser par la suite, pour mieux en maîtriser l'exécution. Sinon, envisagez d'internaliser son développement assez rapidement. Cela n'empêche pas de sous-traiter certaines parties, pilotées par votre directeur technique, qui reste maître de l'architecture et de la compréhension technique du projet.

Bon plan pour trouver des free-lances qui vous permettront de procéder plus rapidement sur certains points techniques de votre produit : www.coulersaboite.com/27A, ou plus spécialisés sur : www.coulersaboite.com/27B ou www.coulersaboite.com/27C.

À voir aussi

Lire les fiches n° 11, 24, 26, 29, 30, 38, 46, 55, 59, 62, 70, 73, 83, 88, 89 et 90.

C'EST DU VÉCU
NE PERDEZ PAS DE VUE VOTRE OBJECTIF : GAGNER PLUS D'ARGENT QUE VOUS N'EN DÉPENSEZ !

Maxime Trouche a créé et dirige Hungry up

En 2013, j'ai créé Darling Box, une start-up qui propose des coffrets livrés à domicile pour des couples. Il y a un peu plus d'un an, nous avons eu des problèmes de trésorerie, faute d'avoir mis le nez dans les chiffres et anticipé les règles fiscales. Heureusement, nous avons pu redresser la barre à temps en fournissant aux banques des prévisionnels suffisamment précis et respectés, mais nous avons perdu du temps et de l'argent. Si cette aventure n'est pas un échec à proprement parler – l'entreprise existe toujours et a servi de tremplin à Darling Box Hôtels, qui propose des box personnalisées pour des hôtels de luxe – nous la vivons comme tel. En effet, en plus de l'erreur de gestion, nous n'avons pas anticipé que les investissements seraient trop importants par rapport aux ventes possibles. Nous n'avions pas conscience que le marché des box était déjà arrivé à maturité, et que la niche dans laquelle nous nous engagions ne permettait pas d'obtenir une bonne rentabilité. Bref, nous n'avons pas eu la croissance exponentielle que nous escomptions...

On vous conseillera souvent de ne pas passer votre vie à faire des tableaux prévisionnels. Certes, c'est vrai, surtout au début, lorsque l'activité est mal définie. Mais ne tombez pas dans l'excès inverse, restez proche de vos chiffres, anticipez pour ne pas vous mettre dans le rouge. Avec l'économie des levées de fonds à perte, on en finit presque par oublier la simple logique débit-crédit. Ne vous concentrez pas seulement sur le fait d'avoir des clients, de la croissance, d'exister dans la place. Pensez aussi qu'à terme, il vous faut gagner plus d'argent que vous n'en dépensez, sinon, ce sera la fin de l'aventure.

Et puis faites du commercial, encore et encore. Pas seulement pour « rentrer du cash » rapidement, même si c'est essentiel, mais aussi pour être connecté au marché, pour avoir un projet en adéquation avec le client réel, moins naïf. C'est en étant proche de lui que vous aurez une meilleure vision de ses besoins, une meilleure compréhension de votre business et de ses possibilités.

Enfin, choisissez votre terrain de jeu avec soin. Si vous cherchez à vous faire une place sur un marché de niche déjà à maturité, vous ne pourrez pas aller bien loin. Choisissez donc un créneau porteur pour qu'une croissance exponentielle soit possible, même lorsqu'il y a beaucoup de concurrence.

28

AU DÉBUT, OFFREZ VOS SERVICES, ÇA VOUS FERA DES RÉFÉRENCES

Vous êtes infiniment petit sur votre marché et n'avez pas encore de références... Pas facile de trouver votre premier client ! Une bonne manière de détourner le problème – légitime – de votre prospect qui hésite à payer un service dont il ne peut connaître la qualité, c'est de faire un « premier test ». Bien sûr, les frais seront à votre charge, mais en contrepartie, il devient une sorte de partenaire qui vous ouvre le marché, un peu comme un mentor.

Arrêtez de croire que vous tenez un filon en or. Des partenaires comme ça, vous en trouvez à tous les coins de rue. Certains sont même des professionnels de l'exercice qui vous feront perdre votre temps et votre argent. Fuyez-les ! Il ne faut pas perdre de vue votre objectif : signer une commande rémunérée. Bien sûr, ce n'est pas facile. Pour améliorer vos chances, faites du « commercial » à fond, ciblez bien vos prospects, rencontrez-les, négociez et ne lâchez pas avant de valider une affaire. Privilégiez les cycles courts et les formats simples, les projets plus ambitieux arriveront plus tard, avec le temps et la confiance de vos premiers clients. Car une transaction réussie, même modeste, vous offre la précieuse référence dont vous avez besoin pour trouver plus facilement d'autres clients. Et si vous avez encore envie de reprendre contact avec votre soi-disant partenaire, rappelez-vous qu'entre sociétés commerciales, ce qui est gratuit n'a pas de valeur.

Le p'tit conseil du loser

L'idéal est de trouver un chevalier blanc, un dirigeant entrepreneurial qui veut bousculer son marché et avec qui vous saurez créer, sur son secteur, une relation étroite, bien délimitée et bien sûr toujours monnayée. Elle peut permettre de créer une notoriété et d'avancer protégé.

Pour tout partenariat commercial « fort », ne négligez pas l'aspect contractuel. Pour éviter de faire exploser la facture, il y a Captain Contrat : www.coulersaboite.com/28

À voir aussi

Lire les fiches nº 1, 6, 9, 10, 19, 23, 24, 25, 28, 30, 37, 42, 43, 44, 45, 46, 47, 48, 49, 50, 51, 52, 53, 54, 55, 56, 57, 61, 62, 63, 64, 65, 66, 67, 68, 69, 70, 80, 85, 89, 91 et 92.

29

CRÉEZ UN PROTO QUI NE FONCTIONNE PAS, LE BUT N'EST QUE DE MONTRER 10 % DU FUTUR PRODUIT QUI VOUS FERA GAGNER DES MILLIONS

Vous avez une idée géniale qui va cartonner ? Foncez ! Inutile de perdre du temps et de l'argent à créer le prototype parfait. Pour le moment, ce dont vous avez besoin, c'est d'avoir un élément concret pour faire rêver vos premiers clients. Un peu de bricolage, surtout au tout début, ça peut passer si le discours que vous tenez autour tient la route.

Vous avez beau être sympa, votre prototype bidouillé qui « part en sucette » une fois sur deux va vous faire perdre toute crédibilité auprès de vos prospects. Donc, on respire un bon coup, on se calme pour ne pas se laisser emporter par l'euphorie du projet. Restez pra-gma-tique. Votre proto doit être relativement simple à fabriquer : choisissez donc des fonctionnalités qui se développent facilement. Votre proto doit également susciter l'envie chez votre prospect : parmi les fonctionnalités « faciles », sélectionnez celles qui ont une forte valeur ajoutée pour vos clients potentiels. C'est en procédant ainsi que vous mettez de bonnes chances de votre côté de convaincre de l'efficacité et du professionnalisme de votre projet.

Le p'tit conseil du loser

Prenez le temps de comprendre réellement les besoins auxquels vous allez répondre. Cela permet de construire un plan produit dans le temps, tourné vers l'usage qu'en feront vos clients. C'est tout bête, mais une super-voiture, même avec la meilleure clim' du monde, ne se vendra pas si elle n'a pas de roues. Commencez donc par proposer un produit simple et efficace en Version 1. En V2, ajoutez quelques options, puis quelques autres en V3. Vous pourrez conquérir vos clients au fur et à mesure, sans les perdre parce que vous seriez mal préparé !

Mettez en place un outil de suivi de projet pour être sûr que votre développement technique est en bonne voie, comme Asana (www.coulersaboite.com/29A), Jira (www.coulersaboite.com/29B) ou encore BaseCamp (www.coulersaboite.com/29C).

À voir aussi

Lire les fiches n° 11, 24, 26, 27, 30, 38, 46, 55, 59, 62, 70, 73, 83, 88, 89 et 90.

30

MISEZ TOUT SUR LES ÉTATS-UNIS, C'EST LE PAYS DU BUSINESS !

L'esprit d'entrepreneuriat qui souffle aux États-Unis et dans la Silicon Valley, ce n'est pas une légende. Oui, les démarches y sont facilitées. Oui, les business angels sont prêts à mettre plus d'argent sur la table qu'en France. Et oui, si vous vous plantez, on ne vous regardera pas de travers, mais au contraire on vous encouragera à recommencer. Alors foncez, développez votre business aux États-Unis !

Tout ce que nous venons de dire est vrai, mais de là à tout plaquer pour partir au pays de John Wayne, il y a un sacré pas à franchir… Car, ne l'oublions pas, vous êtes français (si, si, même avec votre super-accent, on peut le lire sur votre passeport), donc pas réellement le bienvenu. Eh oui, personne ne vous attend là-bas pour faire du business, c'est une réalité, même si c'est un peu difficile à accepter. Et puis les différences culturelles risquent de vous jouer des tours, tout comme la méconnaissance des codes et, plus prosaïquement, des lois et des règles qui régissent l'entrepreneuriat. Et enfin, point non négligeable, votre réseau, si chèrement créé en France, ne pourra pas grand-chose pour vous une fois là-bas. Et comme vous le savez, sans réseau, un entrepreneur repart de zéro…

Le p'tit conseil du loser

Si 90 % de vos clients (et les plus belles perspectives de développement) sont aux États-Unis, il faut y installer vos équipes marketing et commerciales. Car si vous restez en France et que vous voulez mener les deux de front, votre pourcentage de chance de réussite est extrêmement faible, soyez-en conscient !

Faites-vous accompagner sur place par les meilleurs incubateurs américains comme YCombinator (www.coulersaboite.com/30A), TechStars (www.coulersaboite.com/30B) ou encore Ubi i/o (www.coulersaboite.com/30C).

À voir aussi

Lire les fiches n° 9, 11, 24, 26, 27, 28, 29, 37, 38, 46, 49, 55, 56, 57, 59, 61, 62, 63, 64, 65, 66, 67, 68, 69, 70, 83, 85 et 89.

31

REMPLISSEZ VOTRE AGENDA DE RENDEZ-VOUS ET DE RÉUNIONS POUR OPTIMISER VOTRE TEMPS

Gérer intelligemment son temps, c'est une gageure lorsque l'on est en phase de création d'entreprise. Rien de plus facile que de se laisser happer par des tâches non essentielles ou de laisser des discussions stériles sacrifier une demi-journée. Alors pour éviter de vous faire avoir, optimisez votre temps en remplissant votre agenda de rendez-vous et de réunions. Les points de détails doivent le rester, un point c'est tout.

Ponctuer sa journée d'un ou deux rendez-vous, d'une réunion au maximum, d'accord. Mais courir comme le lapin d'Alice de réunion en réunion, ça n'est pas un bon plan (à part pour améliorer vos performances cardio). Eh oui : quand prenez-vous le temps de discuter en *off* avec votre équipe ? C'est souvent dans ces moments-là que les idées les plus intéressantes fusent, autour d'une tasse de café. Et quand rédigez-vous les offres commerciales ? Quand lisez-vous des articles, faites-vous votre veille concurrentielle, bref, quand réfléchissez-vous ? Si vous ne vous laissez pas le temps de faire fonctionner votre cerveau au calme, vous risquez bien d'aller dans le mur, faute d'avoir une vision à long terme de votre business.

Le p'tit conseil du loser

Si vous craignez de vous laisser déborder par le quotidien ou par un excès de rendez-vous, il existe de nombreuses applis de gestion de votre temps qui pourraient vous aider : pourquoi ne pas vous mettre à 30/30 (www.coulersaboite.com/31A) ? Cet outil vous aide à respecter des délais d'une liste de tâches que vous avez établie. Pensez également à ClearFocus (www.coulersaboite.com/31B), qui permet de morceler les tâches importantes par tranche de vingt-cinq minutes (avec cinq minutes de pause, *yes* !) pour les rendre plus faciles à effectuer.

À voir aussi

Lire les fiches n° 21, 71, 72, 73, 74, 75, 76, 77, 78, 79, 80, 81, 82, 83, 84, 85, 86 et 87.

32

CONSERVEZ 100 % DU CAPITAL !

Cette boîte, c'est vous qui en avez eu l'idée, c'est vous qui la portez à bout de bras. Vous devez à tout prix rester seul maître à bord. Et cela passe par la conservation de 100 % du capital. Si vous commencez à en distribuer à droite et à gauche, vous affaiblissez votre pouvoir en plus de diluer les bénéfices en cas de revente. Tenez bon, ne lâchez rien !

Pas si simple... Bien sûr, il n'est pas question de distribuer 50 % de votre capital parce que vous trouvez les gens sympas. Cependant, ne pas se montrer totalement fermé à l'idée d'ouvrir (ha !) peut représenter une belle opportunité pour votre entreprise. Eh oui, vous ne la faites pas tourner tout seul cette boîte : vous avez forcément des collaborateurs clés dont les compétences sont indispensables pour la croissance. Et pour vous assurer qu'ils ne se laisseront pas attirer par d'autres entreprises à la moindre proposition salariale alléchante, vous pouvez leur proposer de rentrer au capital, en restant raisonnable, bien sûr. L'idéal est de « lâcher » 5 à 10 %, pour l'ensemble des collaborateurs à fidéliser. Tout le monde y gagne : ils sont intéressés financièrement, donc forcément plus impliqués dans la réussite du projet, et vous êtes rassuré sur la pérennité de leur présence – et de leurs compétences – sur le long terme. Convaincu ? Attention cependant à vous assurer que du capital intéresse (donc motive, fidélise...) réellement vos salariés. Certains y sont sensibles et d'autres absolument pas : inutile dans ce cas de leur donner le moindre pourcentage !

Le p'tit conseil du loser

Si vous êtes franchement réfractaire à l'idée de vous séparer de votre précieux capital – ou si aucun de vos collaborateurs n'a les moyens financiers d'y entrer – mais voulez que tout le monde soit motivé pour augmenter les résultats de l'entreprise, vous pouvez passer au plan B. Mettez en place un plan d'intéressement des salariés. Vous verrez, c'est efficace pour que tout le monde avance dans le même sens.

Pour plus d'infos sur la participation et l'actionnariat salarié : www.coulersaboite.com/32

À voir aussi

Lire les fiches n° 1, 2, 3, 4, 5, 6, 7, 8, 9, 10, 11, 12, 13, 14, 15, 16, 17, 18, 19, 20, 21, 22, 48, 60, 66, 95 et 98.

33

N'HÉSITEZ PAS À AFFICHER VOS SOUCIS PROFESSIONNELS SUR LES RÉSEAUX SOCIAUX

Les réseaux sociaux, ça sert aussi à faire descendre la pression. Mieux vaut se lâcher sur un client qui vous pourrit la vie dans un statut Facebook bien senti plutôt que de lui mettre un coup de boule. Si vous faites bien la part des choses entre pro et perso, il n'en saura rien, et vous, vous vous sentirez mieux.

Hélas, l'adage populaire américain « *What happens in Vegas stays in Vegas* », ne marche pas avec les réseaux sociaux. Ce n'est pas une nouveauté, toutes les traces que vous laissez sur la Toile sont quasi indélébiles. Comment vous assurer que ce que vous avez écrit sur ce p... de c... de client de m... ne va pas lui revenir aux oreilles dans un an ? Et puis franchement, quelle image de marque donnez-vous de votre entreprise (et de vous-même) en crachant votre venin comme ça ? Pas franchement le genre d'attitude qui inspire confiance aux autres clients, aux prospects, à vos collaborateurs ou partenaires qui tomberaient sur vos pétages de plombs. La Toile est un village qui n'a rien à voir avec Las Vegas. Ici, c'est plutôt « tout ce que vous direz pourra être retenu contre vous ». Pondération, courtoisie, discrétion, professionnalisme ! Bref, vous avez le droit de garder le silence, alors faites-le !

Le p'tit conseil du loser

Ne tombez pas non plus dans la paranoïa : *a priori*, il n'y a pas de micro planqué sous votre bureau et votre téléphone n'est pas sur écoute. Donc au moment où vous vous apprêtez à faire une prise de catch à un concurrent qui sape votre entreprise, un partenaire qui vous plante ou un prospect qui vous fait devenir chèvre, fermez votre porte et appelez un ami. Vous verrez, ça soulage et c'est sans conséquence !

Des infos juridiques sur le dénigrement sur le Web : www.coulersaboite.com/33

À voir aussi

Lire les fiches n° 7, 13, 17, 34, 35, 36, 37, 38, 39, 40, 41, 42, 61, 85 et 88.

34

FAITES DE LA COM' ! PEU IMPORTE LE SUPPORT, ÇA TOUCHERA FORCÉMENT QUELQU'UN

Diffuser une publicité sur un média qui touche une large cible, comme un journal ou une radio, c'est le jackpot assuré. L'audience est telle que sur le total des gens qui l'auront vue ou entendue, vous aurez des retombées importantes en termes de notoriété. Alors lancez-vous !

Ah, c'est sûr que faire une pub pour votre boîte d'informatique dans *Sanglier Passion*, c'était une idée de génie. Eh oui, là au moins, vous n'étiez pas gêné par les annonces de la concurrence. Fallait y penser… Ou sinon, posez-vous cinq minutes et réfléchissez à un plan de communication solide pour construire votre image et vous différencier de vos concurrents directs. On y va ?

Avant tout, déterminez avec précision la cible que vous souhaitez atteindre. Puis intéressez-vous aux moyens de la toucher, en fonction de votre budget. Quelques euros pour un Google AdWords ou quelques millions pour un spot télévisé en finale de Coupe du Monde de football, à vous de voir. La seule règle, c'est le pragmatisme : votre cible consomme-t-elle le média sur lequel vous vous apprêtez à communiquer ? Combien de personnes allez-vous toucher par euro investi ? Et surtout, quel est le ROI (retour sur investissement) de votre action ? Si votre opération de com' ne vous rapporte pas de clients, il faut en changer illico… et ce même si vous adorez *Sanglier Passion*. Méfiez-vous aussi des invitations à témoigner sur des tables rondes, pendant des cours et conférences auxquels on est vite tenté de participer au début de son projet sous prétexte de « communication ». Si le levier « retour sur temps passé » est faible, il faudra les considérer comme un plaisir perso ou du réseau entre entrepreneurs !

Le p'tit conseil du loser

La communication est un métier qui ne s'improvise pas (promis, ce n'est pas une blague). Si vous en avez les moyens, l'idéal est d'intégrer un pôle marketing/communication à votre équipe ou de faire appel à une agence spécialisée.

Quelques « *growth hacks* », c'est-à-dire des astuces pour se faire connaître presque gratuitement, efficaces à découvrir ici : www.coulersaboite.com/34

À voir aussi

Lire les fiches n° 7, 13, 17, 33, 35, 36, 37, 38, 39, 40, 41, 42, 61, 85 et 88.

35

LAISSEZ LE MARKETING SUR INTERNET AUX JEUNES STAGIAIRES, CE N'EST PAS DE VOTRE GÉNÉRATION !

Sur le marketing, le vrai, vous êtes imbattable. En revanche, tous ces bidules de newsletters et de réseaux sociaux, ça n'est pas votre truc. Franchement, à part les geeks de 16 ans, personne ne s'y intéresse. Ce n'est certainement pas vous qui allez faire perdre du temps et de l'argent à votre entreprise pour être à la mode !

Mettre de côté le marketing sur Internet revient à vous tirer une balle rouillée dans le pied, pour mourir du tétanos. Eh oui, la plupart des canaux traditionnels comme la radio ou la presse ont perdu de leur pertinence… L'ère du numérique est passée par là. Rassurez-vous, pour les entrepreneurs, c'est une excellente chose. Les nouvelles manières de faire du marketing sont moins coûteuses et bien plus simples à mettre en place. Cependant, il faut s'y mettre sérieusement. Traduction : ne pensez pas qu'un stagiaire fraîchement émoulu de sa jolie école de commerce ou de communication puisse faire le job seul. Donc, deux possibilités s'offrent à vous : soit vous disposez d'une personne formée ou à former sur la question qui pourra s'y consacrer, soit vous externalisez à une agence spécialisée qui vous montera un plan Web marketing aux petits oignons, moyennant finance, *of course*.

Le p'tit conseil du loser

Aujourd'hui, en marketing, c'est le contenu qui est roi. En produisant régulièrement des contenus de qualité sur la Toile – blog, livres blancs à télécharger, webinaires, vidéos, newsletter – vous informez votre prospect tout en le faisant avancer dans son cycle d'achat. Tout cela, oh merveille, sans le spammer. Ce lien vous rend, petit à petit, expert à ses yeux et vous permet d'engranger au fur et à mesure des informations sur lui qui vous seront bien utiles pour le convaincre d'acheter au moment venu. Sans compter que, lorsqu'il sera prêt à se lancer, il se tournera bien plus naturellement vers vous, puisque vous vous êtes régulièrement rappelé à son bon souvenir. Convaincu ?

Pour démarrer le marketing sur Internet :
– Cahier d'exercices (gratuit) pour se lancer dans une stratégie de contenus sur le Web : www.coulersaboite.com/35A
– Conseils SEO, réseaux sociaux, Web marketing : www.coulersaboite.com/35B

À voir aussi

Lire les fiches n° 7, 13, 17, 33, 34, 36, 37, 38, 39, 40, 41, 42, 61, 85 et 88.

36

VOTRE SECRET MARKETING ? LE « BUZZ » !

Plus besoin de dépenser un radis pour se faire une campagne marketing hyper-efficace. Il suffit de planter la petite graine d'info sur la Toile, et zou, le « buzz » fait le reste : en quelques jours, au pire en quelques semaines, la viralisation de votre action marketing se fait toute seule, et vos prospects sont touchés. Vive Internet !

On a tendance à penser que lorsque son produit ou sa campagne sont bons, la « viralisation » se fait naturellement, mais c'est une grossière erreur. Arrêtez tout de suite de rêver au « buzz » qui fait tout le travail lui-même, avec ses petits bras musclés. La grande majorité du temps, la campagne est savamment orchestrée par un plan marketing complexe où rien n'est laissé au hasard ni même au simple bouche-à-oreille. Car pour que la prétendue magie opère, il faut concevoir un support répondant aux attentes de ses cibles. Ensuite, il faut déposer le « virus » auprès d'une personne dont on est sûr qu'elle va le relayer en masse, et ceci aux bonnes cibles. Autant dire que les investissements – en termes de temps et d'argent – pour réussir (et pas à chaque fois) se révèlent finalement assez lourds...

Le p'tit conseil du loser

Si vous souhaitez vous frotter à l'exercice délicat du « buzz », il est préférable de se tourner vers des agences spécialisées qui réussiront (souvent avec brio) à déployer une stratégie et un arsenal média à la hauteur des ambitions de leurs clients. Il va sans dire que cela a un prix non négligeable... Souvent, les petites structures sont contraintes de privilégier des moyens plus classiques, mais souvent plus adaptés à leurs objectifs.

Pour en savoir plus, sur le marketing viral, voici un e-book à télécharger : www.coulersaboite.com/36

À voir aussi

Lire les fiches n° 7, 13, 17, 33, 34, 35, 37, 38, 39, 40, 41, 42, 61, 85 et 88.

37

QUAND LES AFFAIRES NE VONT PAS, DITES-LE À VOS CLIENTS

Si votre chiffre d'affaires est en berne, si vous n'avez aucun contrat à l'horizon et craignez de mettre la clé sous la porte, dites-le à vos clients. Vous avez créé une relation de confiance avec eux, ce n'est pas le moment de la rompre. Et puis, avec un peu de chance, ça les attendrira et ils seront enclins à vous faire travailler un peu plus pour vous sortir de ce mauvais pas.

Personne n'a envie de faire affaire avec quelqu'un qui passe son temps à se plaindre. Sans compter que sortir de votre chapeau un argument lié à l'affect (« S'il vous plaît, aidez-moi, signez ce contrat, mon entreprise va maaaaaal »), c'est anti-professionnel au possible. Et être professionnel en toute situation, même quand votre boîte n'est pas au top, c'est essentiel pour maintenir la confiance que le client doit avoir en vous. De plus, en vous confiant ainsi, vous vous placez tout seul en situation de faiblesse, ce qui n'est pas la meilleure manière au monde de signer un contrat intéressant. Si votre prospect vous sait aux abois, que pensez-vous qu'il fera ? Négocier plus fermement, évidemment ! Il se doutera que vous serez disposé à rogner considérablement votre marge pour ajouter trois sous à votre chiffre d'affaires souffreteux. Bref, motus et bouche cousue sur la santé de votre entreprise.

Le p'tit conseil du loser

Bien sûr, si Radio Moquette a diffusé l'information ou que vos concurrents ont « bavé » sur votre situation financière, surtout, ne mentez pas. Répondez aux questions sans éluder, votre client a le droit d'être informé et doit être rassuré autant que possible. Le but de cette « communication de crise », c'est de garder la confiance de votre client (qui a dû tout de même en prendre un coup !). Restez donc factuel, ce n'est pas le moment d'aborder le sujet passionnant de vos angoisses existentielles.

N'oubliez pas que publier ses bilans est une obligation (même si la contravention reste raisonnable : 1 500 €) : www.coulersaboite.com/37

À voir aussi

Lire les fiches n° 7, 9, 13, 17, 24, 28, 30, 33, 34, 35, 36, 38, 39, 40, 41, 42, 49, 56, 57, 61, 62, 63, 64, 65, 66, 67, 68, 69, 70, 85, 88 et 89.

38

SANS ARGENT, TU NE POURRAS DE TOUTE FAÇON PAS FAIRE DE MARKETING

Que vous fassiez appel à une agence externalisée ou que vous vous y consacriez en interne, le marketing, ça coûte cher. Eh oui, il n'y a pas de secret : pour lancer une campagne qui tienne la route, il faut y mettre le prix. Par conséquent n'essayez pas de bricoler votre marketing avec trois bouts de ficelle, vous ne feriez que perdre du temps…

Ne soyez pas défaitiste ! Oui, il est possible de mener des actions simples, peu coûteuses, qui auront un impact non négligeable sur les ventes. Il ne s'agit pas de trouver la pierre philosophale, mais de se mettre au *growth hacking*. Il s'agit de techniques originales qui permettent d'actionner de nouveaux leviers de croissance, comme l'a fait Hotmail peu de temps après son lancement avec sa fameuse phrase ajoutée à la fin de chaque mail, « PS : I Love You. Get Your Free Email At Hotmail », qui lui a permis de gagner près d'un million d'utilisateurs en une année. Commencez par éplucher les données analytiques, penchez-vous sur le parcours de l'utilisateur, mettez-vous à sa place, comprenez ce qu'il veut, ce qu'il fait et pourquoi. Ensuite, testez chaque solution possible jusqu'à ce que vous trouviez la bonne. Finalement, le *growth hacking*, c'est une manière de retarder au maximum le moment où vous dépenserez de l'argent pour votre marketing. Une bonne manière de prouver la viralité de votre produit à vos futurs *business angels* !

Le p'tit conseil du loser

Le *growth hacking*, c'est l'arme fatale des start-up sans le sou. Et croyez-nous, il y en a, des entrepreneurs fauchés qui veulent trouver la bonne manière peu coûteuse de gagner des utilisateurs. Pourquoi ne pas venir grossir les rangs de la communauté www.coulersaboite.com/38 ? Vous y trouverez peut-être des idées.

À voir aussi

Lire les fiches n° 7, 11, 13, 17, 24, 26, 27, 29, 30, 33, 34, 35, 36, 37, 39, 40, 41, 42, 46, 55, 59, 61, 62, 83, 85 et 88.

39

FAITES VOTRE LOGO VOUS-MÊME, ÇA VOUS FERA ÉCONOMISER PAS MAL D'ARGENT. OU FAITES-VOUS AIDER PAR VOTRE COUSIN

Quand on lance sa boîte, les caisses sont souvent vides : c'est donc le moment de se mettre au système D. Pour votre logo, par exemple, inutile de dépenser des sommes folles pour qu'un graphiste vous ponde le design parfait. Utilisez un des nombreux logiciels gratuits que l'on trouve sur Internet, dessinez un cercle, écrivez le nom de l'entreprise dedans et le tour est joué. Si vous n'avez vraiment pas l'œil, demandez un coup de main à un ami un peu artiste, ça suffira largement.

Ça, c'est de la fausse bonne idée ! Votre logo, c'est la signature de votre entreprise, l'élément visuel central de son identité. Il est donc normal, voire essentiel, d'y consacrer du temps et de l'argent. Il doit être parlant, unique, cohérent avec votre secteur d'activité et véhiculer les valeurs de votre entreprise. En plus, il faut que vous puissiez le décliner sur plusieurs supports : carte de visite, signature mail, papier à en-tête, site Internet, etc. Bref, tout un programme que votre cousin, même doué en dessin, ne saurait remplir. Attention, ceci est une révélation : être capable de faire un logo, c'est un métier, un vrai. Déterminer les couleurs, les typos, la hiérarchie des informations, les proportions, les ombres et les effets, ça ne s'improvise pas. Fou, non ? Par ailleurs, pour les petits malins qui pensaient commencer par un logo maison, quitte à le changer dans quelque temps, sachez que cette erreur ne sera pas indolore ! Eh oui, modifier son logo sur tous ses supports de communication (carte de visite, site Internet, covering voiture, présentations, etc.) pourrait vite vous coûter un bras. Minimum.

Le p'tit conseil du loser

Vous l'aurez compris, faites appel à un pro. Si vous travaillez avec une agence de communication, elle pourra sûrement vous faire des propositions. Si ce n'est pas le cas, vous pouvez faire appel à un graphiste free-lance, que vous pouvez par exemple sélectionner sur le site www.coulersaboite.com/39A, qui en répertorie des dizaines. Sur www.coulersaboite.com/39B, vous pouvez déposer votre brief et attendre les propositions des graphistes qui se sentiront inspirés par votre proposition. Enfin, ne négligez pas la piste des écoles de design, qui sont souvent friandes de cas pratiques à mettre sous la dent des directeurs artistiques de demain.

À voir aussi

Lire les fiches n° 7, 13, 17, 33, 34, 35, 36, 37, 38, 40, 41, 42, 61, 85 et 88.

40

VOTRE CIBLE MARKETING DOIT ÊTRE LA PLUS LARGE POSSIBLE !

C'est d'une logique implacable : plus votre cible marketing est large, plus le nombre de personnes que vous touchez est important, plus vous avez de chance de vendre votre produit. Choisissez donc des messages non segmentants, le plus neutre possible, pour ne pas vous couper d'une part non négligeable de votre future clientèle.

L'une des erreurs classiques du ciblage consiste à penser que votre offre s'adresse à tout le monde. Si c'est le cas, autant dire que ce n'est pour personne ! Au contraire, il vous faut définir vos clients idéaux le plus précisément possible. Pourquoi ? Tout simplement pour leur adresser des messages dont les contenus leur paraîtront pertinents, et qui auront un véritable impact sur leur comportement d'achat. Ces acheteurs idéaux portent un nom mi-latin mi-anglais assez bizarre : les « *buyer personas* ». Certaines agences de marketing sont spécialisées dans cette analyse assez complexe. Certes, cela représente un coût, mais ce sera toujours moins cher que d'essayer de vendre tout à tout le monde.

Le p'tit conseil du loser

Comment déterminer ses « *buyer personas* » si vous n'avez pas les moyens de faire appel à une agence de marketing ? Passez en revue les grandes catégories d'acheteurs et de prescripteurs de vos produits, en tenant compte de leur secteur d'activité, de leur poste, de leur niveau de responsabilité, etc. Puis déterminez leur personnalité de manière totalement caricaturale (âge, niveau d'études, parcours professionnel, etc.) et imaginez leurs centres d'intérêt et leurs besoins distincts par rapport à votre offre.

Petit détail qui n'en est pas un, sachez que vos « *buyer personas* » évoluent au cours de leur cycle d'achat : en fonction du mûrissement de leur projet d'achat, ils ne se posent pas les mêmes questions. Il faut être capable de les accompagner tout au long du cycle.

Voici les cent questions à se poser pour créer un « *buyer persona* » : www.coulersaboite.com/40A
Et une autre ressource intéressante sur le sujet : www.coulersaboite.com/40B

À voir aussi

Lire les fiches n° 7, 13, 17, 33, 34, 35, 36, 37, 38, 39, 41, 42, 61, 85 et 88.

41

ENVOYEZ UN COMMUNIQUÉ DE PRESSE PAR SEMAINE, QU'IL PLEUVE, QU'IL VENTE OU QU'IL NEIGE

Faire parler de vous, et ceci dès le début de votre aventure, c'est indispensable. Seulement, pas facile d'y consacrer du temps quand vous êtes déjà bien occupé à monter votre business et à trouver vos premiers clients... Alors pour être sûr de ne pas laisser passer trop de temps entre deux communiqués, forcez-vous à en écrire un toutes les semaines. Même si vous n'avez pas grand-chose de neuf à raconter, au moins vous vous rappelez au bon souvenir de vos contacts.

Ça, c'est le meilleur moyen pour lasser tout le monde avant d'avoir pu dire « client » ! Si vous n'avez rien de spécial à annoncer, eh bien taisez-vous, c'est aussi simple que cela. Les journalistes sont submergés d'informations envoyées par des agences de relations publiques et les services de communication. Ils rivalisent d'inventivité pour créer l'événement, pour faire du bruit autour du moindre fait. Si vous leur faites parvenir un communiqué qui ne fait pas rêver, vous serez tout de suite catalogué comme inintéressant. Et le jour où vous aurez réellement quelque chose à faire savoir, personne ne prendra le temps de vous écouter. Bref, communiquer, c'est bien, mais encore faut-il avoir quelque chose à dire. Faites-le donc à bon escient !

Le p'tit conseil du loser

Évitez d'envoyer votre communiqué au petit bonheur la chance – c'est-à-dire *via* une base de données de journalistes non qualifiés – en pensant que cela donnera bien quelque chose. Ce serait un coup d'épée dans l'eau. Mieux vaut faire parvenir votre document à quelques journalistes spécialisés dans votre domaine d'activité, quitte à les relancer par téléphone. Car plus vous ciblez votre auditoire, plus vous avez de chances qu'il morde à l'hameçon...

Ne sous-estimez pas non plus la puissance des blogueurs ! Ils sont souvent plus faciles à contacter que les journalistes.

À voir aussi

Lire les fiches n° 7, 13, 17, 33, 34, 35, 36, 37, 38, 39, 40, 42, 61, 85 et 88.

C'EST DU VÉCU
ÉCHOUER POUR MIEUX REPARTIR !

Richard Phan a fondé Inventhys

En 2011, j'ai cocréé MobiSystème, une start-up qui proposait une application mobile de gestion du temps pour les cadres dynamiques toujours pressés. Nous avons développé un très joli produit, qui a été mis en avant par les *stores* de Google et d'Apple et a engendré des centaines de milliers de téléchargements. Nous avons également décroché un contrat avec Samsung pour porter l'application sur l'un de leurs téléphones, qui allait être lancé. Bref, tout était bien parti. Malheureusement, après trois ans et 300 000 euros levés chez des *business angels*, nous n'avons pas réussi à vivre de notre produit. En 2014, j'ai choisi d'arrêter tant qu'il était encore temps.

Avec le recul, je me rends compte que nous nous sommes trop focalisés sur la technique – et effectivement, notre produit était joli et original – mais nous nous sommes posé beaucoup trop tard la question du commercial. Nous ne savions pas comment vendre, quelle était notre véritable cible et comment la toucher. Et lorsque nous nous sommes enfin penchés sur la question, nous n'étions pas très bien placés, car nous n'avions pas de talent spécialisé dans le marketing de produits numériques pour le grand public. Ne perdez pas de vue que votre projet doit devenir rentable, que vous devez trouver rapidement vos clients.

Il est également important de savoir quand s'arrêter avant que la situation ne devienne problématique sur le plan personnel. Pour cela, fiez-vous à deux indicateurs. D'une part, arrêtez lorsque vous n'y croyez plus au fond de vous-même, car les autres ne vous suivraient plus. Et surtout, dites « Stop » avant de vous mettre dans une situation financière dangereuse. Fixez-vous à l'avance un montant de patrimoine que vous êtes prêt à perdre et ne le dépassez pas.

Malgré cet échec, j'encourage tout le monde à se lancer dans la grande aventure de l'entrepreneuriat. J'ai rebondi depuis et créé en 2015 une nouvelle structure où j'ai pu mettre en pratique les enseignements tirés de mon échec. Si l'on en maîtrise les conséquences, échouer n'est pas vraiment grave, en tout cas ce n'est pas une raison suffisante pour ne pas se lancer de nouveau si l'on en ressent l'envie !

42

MULTIPLIEZ LES RÉFÉRENCES DE PRODUITS/ SERVICES POUR SATISFAIRE TOUS LES PROSPECTS

Deux prospects rigoureusement identiques, ça n'existe pas. Ils ont tous des problématiques spécifiques liées à leurs secteurs d'activité et à leurs propres clients. Leurs attentes ne peuvent donc pas être les mêmes, c'est normal. Pour pouvoir tous les satisfaire, proposez des services et des produits très variés, à la carte. C'est le seul moyen de les séduire puis de les garder sur le long terme.

Bien tenté, mais non ! Si vous diluez votre savoir-faire, vos prestations ou vos produits, vous allez vous perdre en chemin. Le premier risque, c'est de proposer des services ou produits que vous ne maîtrisez pas complètement, donc de refourguer de la « mauvaise came ». Idéal pour perdre un client en deux minutes chrono. Deuxièmement, vous risquez de faire grimper votre point mort[1] dans les tours : en multipliant les produits ou services, vous augmentez les frais (de création, de communication/marketing, de commercialisation, etc.). Il faudrait vendre beaucoup plus pour arriver à l'équilibre. Est-ce vraiment nécessaire lorsque l'on rame déjà pour atteindre ce dernier ? Enfin, dernière difficulté un peu plus sournoise, celle de votre image de marque. Il est déjà assez difficile de se créer une identité dans l'esprit des prospects. Si vous vous mettez à faire de tout, les prospects vous identifieront comme expert sur rien ! Pas terrible, comme entrée en matière...

1. Le point mort désigne le seuil de rentabilité d'une entreprise, c'est-à-dire le moment à partir duquel les recettes couvrent l'ensemble des frais et des charges.

Le p'tit conseil du loser

Ne vous dispersez pas, vous ne feriez finalement rien correctement. Il est beaucoup plus judicieux de vous concentrer sur votre cœur de métier et sur des prospects qui peuvent correspondre à vos offres. Pas l'inverse !

À voir aussi

Lire les fiches n° 1, 6, 7, 10, 13, 17, 19, 23, 24, 25, 28, 33, 34, 35, 36, 37, 38, 39, 40, 41, 43, 44, 45, 46, 47, 48, 49, 50, 51, 52, 53, 54, 55, 61, 67, 80, 85, 88, 91 et 92.

43

OUBLIEZ LES CHIFFRES, ILS N'INTÉRESSENT QUE VOTRE EXPERT-COMPTABLE

La compta, c'est du chinois pour les gens normaux, c'est comme ça, on n'y peut pas grand-chose. Donc pas la peine de s'acharner : autant laisser votre expert-comptable – le seul capable de s'y retrouver – s'éclater sur ses tableaux Excel pour vous faire des comptes rendus régulièrement. Parce que franchement, au stade où vous en êtes, ce n'est pas l'essentiel. Concentrez-vous plutôt sur la manière de trouver vos premiers clients !

Votre expert-comptable saura vous dire l'année prochaine comment s'est déroulée votre année en cours. Cool, hein ? Au moins, avec ça, vous n'allez pas vous planter… mais plutôt vous désintégrer en plein vol, oui ! Alors d'accord, les chiffres, c'est pénible, ce n'est pas votre cœur de métier, mais il faut s'y mettre. Parce que suivre quotidiennement son chiffre d'affaires, sa marge brute, ses factures, ses règlements et sa trésorerie, c'est indispensable. Essentiel. Obligatoire. Ouvrez votre dictionnaire de synonymes et complétez la liste, vous finirez bien par comprendre ce que l'on veut dire. Ces chiffres vous indiquent où en est l'activité de votre entreprise. Ils vous donnent des indices précieux qui vous permettent de moduler vos façons de procéder là, tout de suite, maintenant. En les suivant au jour le jour, vous vous offrez la possibilité d'être réactif, de rattraper d'éventuelles erreurs de gestion avant qu'il ne soit trop tard. Ça y est, vous êtes convaincu ?

Le p'tit conseil du loser

Anticipez ! Avoir l'œil sur ce qui va se passer, c'est essentiel pour éviter les très nombreux écueils qui ne vont pas manquer de se dresser devant vous. Autant ne pas attendre un appel de la banque pour découvrir que votre compte est vide, non ?

Pourquoi ne pas travailler avec un expert-comptable 2.0 ? On vous recommande notamment Fred de la Compta : www.coulersaboite.com/43

À voir aussi

Lire les fiches n° 1, 6, 10, 19, 23, 24, 25, 28, 42, 44, 45, 46, 47, 48, 49, 50, 51, 52, 53, 54, 55, 67, 80, 91 et 92.

44

ACHETEZ LE LOGICIEL DE GESTION LE PLUS COMPLET DU MARCHÉ !

Choisir un bon logiciel de gestion, c'est une étape importante de votre démarche de création d'entreprise. Mais rédiger un cahier des charges précis, compulser des études, comparer les offres, ça prend du temps. Et du temps, en ce moment, vous en avez peu. C'est là qu'il faut la jouer malin : faites un peu d'espionnage industriel et procurez-vous le même logiciel que le leader de votre marché. Si la boîte qui dépote dans votre domaine l'a sélectionné, c'est qu'il correspond aux besoins de votre activité.

Copier bêtement le voisin, ça ne fonctionne pas ? Certes, le logiciel que votre concurrent a choisi doit fonctionner pour votre secteur. C'est déjà un bon point, mais ça ne suffit pas. La solution que vous allez choisir va vous accompagner pour un bon bout de temps ; il faut faire un choix adapté à vos propres contraintes, vos modes de fonctionnement, votre budget, etc. Nous sommes désolés, mais vous n'avez pas le choix sur ce coup-là : il faut passer par une analyse précise de vos besoins, déterminer un budget et comparer les solutions envisageables avant de vous décider.

Le p'tit conseil du loser

Posez-vous les bonnes questions avant de faire votre choix. La solution est-elle simple d'utilisation ? Peut-elle évoluer en même temps que la croissance escomptée ? Avez-vous besoin d'une solution qui puisse être utilisée hors des bureaux (consultation sur smartphone, tablette) ? Est-elle compatible avec des logiciels que vous utilisez déjà (compta, CRM, etc.) ? Combien de collaborateurs utiliseront le logiciel choisi (souvent, cela influe le prix final) ? Y a-t-il un accompagnement du type *hotline* ou session de formation ?

Vous pouvez aussi vous aider des comparateurs tels que www.coulersaboite.com/44

À voir aussi

Lire les fiches n° 1, 6, 10, 19, 23, 24, 25, 28, 42, 43, 45, 46, 47, 48, 49, 50, 51, 52, 53, 54, 55, 67, 80, 91 et 92.

45

SI VOUS AVEZ DE LA TRÉSORERIE, INUTILE DE DEMANDER UN PRÊT BANCAIRE POUR ACHETER UN VÉHICULE

Parfois, il suffit de faire preuve de bon sens pour mettre en place une gestion efficace. Lorsque vous disposez de suffisamment de trésorerie sur votre compte courant, utilisez-la intelligemment. Si vous devez acheter une voiture, commencez par voir si vous pouvez l'acheter en cash avant d'aller faire un emprunt qui vous coûtera de l'argent. C'est basique, mais beaucoup d'entrepreneurs s'y trompent.

La trésorerie, c'est le carburant de votre exploitation, le béton de votre investissement. Vous n'en n'aurez jamais – mais vraiment jamais – assez. Car c'est à l'épaisseur de votre disponibilité en banque que vous serez jugé (comprenez par les investisseurs et vos banquiers). Si vous manquez de trésorerie, vous serez dépendant et personne ne voudra vous en prêter ; si vous regorgez de trésorerie, on se battra pour vous en prêter davantage. Moralité (enfin, façon de parler), ne « tapez » jamais dans cette réserve sans que ce soit nécessaire ; dès qu'un achat peut faire l'objet d'un emprunt, foncez chez votre ami le banquier même si vous disposez largement des fonds pour l'acquérir sans passer par la case prêt bancaire.

Le p'tit conseil du loser

Adaptez votre démarche en fonction du type d'investissement que vous envisagez d'effectuer. Mieux vaut recourir à un emprunt pour tous les investissements «justifiables» auprès de votre banque, comme l'achat d'un local, d'une voiture ou de machines, et préserver vos fonds propres pour tout ce qui est lié à votre activité, comme un projet de développement un peu sensible que votre banquier, ce grand philanthrope, ne verrait pas d'un très bon œil ou un investissement dont seuls les spécialistes de votre domaine peuvent saisir la pertinence. N'hésitez pas à varier les plaisirs: prêts classiques, crédits de campagne (activités saisonnières), affacturage[1], crédit-bail[2], etc.

Pensez aussi à Bpifrance, qui finance assez facilement les projets d'innovation: www.coulersaboite.com/45

À voir aussi

Lire les fiches n° 1, 6, 10, 19, 23, 24, 25, 28, 42, 43, 44, 46, 47, 48, 49, 50, 51, 52, 53, 54, 55, 67, 80, 91 et 92.

1. Solution qui permet de céder ses créances clients (ses factures) à un établissement spécialisé, le factor, qui, en échange, vous avance le montant facturé et gère les relances de règlement.
2. Dans le cadre d'un crédit-bail (ou leasing), le crédit-bailleur met un matériel (voiture, imprimante, etc.) à la disposition de votre entreprise pour une période déterminée, contre paiement d'une facture récurrente. Au terme du contrat, on peut en général restituer le matériel, l'acquérir moyennant un montant défini lors de la conclusion du contrat, ou renouveler le contrat.

46

LEVER DES FONDS, C'EST UN GRAND PAS VERS LA RÉUSSITE !

Youpi, vous avez levé des fonds, c'est génial, vous avez réussi ! Un investisseur a cru en votre projet, « mis de l'argent sur la table », et voilà, vous êtes soulagé d'un gros stress de trésorerie pour environ deux ans. Votre banquier lui aussi est détendu. Ça vous laisse le temps d'envisager sereinement la suite de votre projet d'entreprise. Champagne !

Bon, vous pouvez quand même boire un coup, ça fait toujours du bien. Mais dessoûlez rapidement quand même. Lever des fonds, ça n'a strictement rien à voir avec réussir. Ça va juste vous permettre de financer – à perte – votre boîte pendant un certain temps. Il va donc falloir apprendre à dépenser cet argent à bon escient. Car pensez-y, ce n'est pas le vôtre et un investisseur n'est pas un philanthrope ! En plus, en contrepartie des fonds, vous devrez partager le capital avec lui et vous accorder sur certaines décisions stratégiques. Pensez aussi à son exigence de sortie, donc à la possibilité d'une vente totale de votre boîte dans les cinq ans. Et n'oubliez pas qu'il voudra multiplier au max son investissement entre son entrée et sa sortie, ce qui influera forcément sur la stratégie qu'il voudra privilégier. Réfléchissez donc bien avant de partir à la chasse aux investisseurs, c'est moins paradisiaque qu'il n'y paraît...

Le p'tit conseil du loser

Business plan, *executive summary*, *elevator pitch*[1], etc. Chasser un investisseur, c'est du boulot, sans compter qu'il n'y a pas de garantie de réussite. Pour certaines jeunes entreprises, le temps et l'énergie nécessaires se justifient pleinement, car il existe un réel bénéfice à faire entrer un investisseur dans le projet. Pour d'autres, c'est moins évident... Posez-vous bien la question de l'intérêt de vous lancer dans cette démarche qui vous priverait du temps de recherche de clients. Des clients qui, eux, rapporteraient de l'argent à votre entreprise sans contrepartie ni pression supplémentaire.

En France, les *business angels* sont souvent cachés... Retrouvez une partie d'entre eux chez France Angels : www.coulersaboite.com/46

À voir aussi

Lire les fiches nº 1, 6, 10, 11, 19, 23, 24, 25, 26, 27, 28, 29, 30, 38, 42, 43, 44, 45, 47, 48, 49, 50, 51, 52, 53, 54, 55, 59, 62, 67, 80, 83, 91 et 92.

1. Présentation orale de votre projet en moins de deux minutes (comme si vous étiez dans un ascenseur) !

47

ÉVITEZ DE RÉCLAMER LES PAIEMENTS, C'EST AGAÇANT POUR TOUT LE MONDE !

« Le client est roi », ce n'est pas que du baratin. Sans les clients, votre entreprise n'existerait pas, vous avez donc tout intérêt à entretenir de bonnes relations avec eux. Tout ça pour dire que lâcher les huissiers sur eux pour deux semaines de retard de paiement, ça ne va pas leur plaire. Mieux vaut attendre qu'ils paient d'eux-mêmes plutôt que de les relancer et de vous les mettre à dos, ce qui ne serait pas prometteur pour la suite de vos relations…

Ben voyons… Vous ne voudriez pas leur faire cadeau de votre prestation pour qu'ils vous aiment encore plus, non plus ? Les impayés peuvent très vite déséquilibrer la trésorerie de votre entreprise. Si vous n'êtes pas vigilant, vous pouvez vous retrouver à négocier un découvert à la banque le temps de rapatrier l'argent resté dehors, faute de relance en temps et en heure. Ce serait tout de même idiot d'en arriver là ! Conclusion, ne vous laissez pas marcher sur les pieds. Votre client vous respectera davantage – et ne retentera sûrement pas le coup du retard de paiement – si vous réclamez votre dû courtoisement mais fermement. Bien sûr, adaptez votre discours à la situation : n'ayez pas le même ton à la première relance qu'à la seconde et n'agissez pas de la même manière avec un mauvais payeur chronique ou un bon payeur qui a exceptionnellement « zappé ».

Le p'tit conseil du loser

Vous pourriez mettre en place une méthodologie de « pêche au règlement en retard » qui vous permettrait de récupérer au plus vite votre argent. Par exemple :

– Étape 1 : simple rappel téléphonique, au ton presque amical, au bout d'une semaine à dix jours de retard.
– Étape 2 : une dizaine de jours plus tard, deuxième rappel plus ferme en évoquant une pénalité de retard, cette fois-ci par écrit avec accusé de réception.
– Étape 3 : encore dix jours plus tard, on passe à la vitesse supérieure avec l'injonction de payer.

Multiplier les relances « en l'air » habituerait votre mauvais payeur à attendre plusieurs relances avant de sortir le carnet de chèques...

La requête en injonction de payer ne coûte que quelques euros et est assez simple à enclencher : www.coulersaboite.com/47

À voir aussi

Lire les fiches n° 1, 6, 10, 19, 23, 24, 25, 28, 42, 43, 44, 45, 46, 48, 49, 50, 51, 52, 53, 54, 55, 67, 80, 91 et 92.

48

DÈS QUE VOUS AVEZ CRÉÉ VOTRE ENTREPRISE, COMMENCEZ PAR CHERCHER ET POSTULER À TOUTES LES AIDES QUE VOUS POURREZ TROUVER

Les aides, ça vous fait du cash. Et on l'a déjà dit, la trésorerie, c'est essentiel pour faire tourner votre boîte. Ce serait franchement crétin de se passer de toutes les aides que vous pourriez obtenir, d'autant qu'en France, les jeunes entrepreneurs ont la chance d'avoir de nombreuses possibilités. Alors zou, faites vos dossiers et remplissez votre compte en banque !

Monter un dossier pour obtenir une aide est très chronophage. Si vous multipliez cela par le nombre de possibilités, ça vous occupe à temps plein. C'était ça, votre projet de boîte ? Croyez-vous qu'il soit stratégique que vous y accordiez tant d'importance au moment de la création de votre entreprise ? La réponse est clairement non, vous avez bien d'autres choses à faire. Comme vous consacrer à la recherche de clients qui, eux, vous rapporteront de l'argent de manière récurrente et saine. Eh oui, les aides, ce n'est pas du chiffre d'affaires, mais il est aussi compliqué d'en obtenir une que de faire signer dix clients. Remettez donc ces aides à leur juste place : un à-côté sympathique mais non nécessaire, qui, en plus, n'est en aucun cas une garantie de réussite. Et si votre projet a besoin de grappiller ces *one shot* pour démarrer, posez-vous des questions, car il est probable qu'il soit mal calibré…

Le p'tit conseil du loser

Si vous tenez vraiment à ces aides, faites appel à un cabinet spécialisé dans le financement de l'innovation. Il s'occupera de la rédaction et du suivi des dossiers pendant que vous vous consacrerez à ce que vous êtes le seul à pouvoir faire : trouver des clients !

À voir aussi

Lire les fiches n° 1, 2, 3, 4, 5, 6, 7, 8, 9, 10, 11, 12, 13, 14, 15, 16, 17, 18, 19, 20, 21, 22, 23, 24, 25, 28, 32, 42, 43, 44, 45, 46, 47, 49, 50, 51, 52, 53, 54, 55, 60, 66, 67, 80, 91, 92, 95 et 98.

49

PAS BESOIN DE MILLE CLIENTS, TROUVEZ-EN UN QUI ASSURE VOTRE CHIFFRE D'AFFAIRES DE L'ANNÉE

Trouver un client, ça coûte très cher aux entreprises. D'ailleurs elles sont assez peu nombreuses à calculer le réel coût d'acquisition de chacun d'entre eux – trop déprimant, peut-être ? Une fois cette donnée prise en compte, il devient évident qu'il faut tout faire pour réduire ces frais qui pèsent sur votre rentabilité. C'est pourquoi il est judicieux de ne pas multiplier inutilement les clients, surtout les petits. L'idéal, c'est de ferrer un gros poisson avec qui travailler régulièrement, qui assurera à lui seul votre chiffre d'affaires de l'année.

Il est extrêmement dangereux de n'avoir qu'un seul client. Vous imaginez un peu le drame, s'il venait à vous quitter ? Vous mettriez la clé sous la porte dès le lendemain matin. Tenez-vous-le pour dit, il ne faut pas mettre tous vos œufs dans le même panier ! Alors, hop, c'est parti, on diversifie le fichier clients. La seule solution, c'est de « faire du commercial » : démarcher les prospects mûrs, les rencontrer, faire des propositions et recommencer, encore et encore. Pour info, il ne faut pas que vos trois plus gros clients représentent plus de 50 % de votre chiffre d'affaires annuel. Autant dire qu'il y a du boulot… Pour autant, soyez stratège (rappelez-vous du fameux coût d'acquisition client) et mettez en place un SAV efficace vous permettant de créer de bonnes relations avec votre clientèle : c'est essentiel pour la conserver sur le long terme et ne pas plomber votre rentabilité.

Le p'tit conseil du loser

Si vous souhaitez vendre votre entreprise, les repreneurs potentiels s'intéresseront de près à la répartition de votre chiffre d'affaires. Si celui-ci repose sur de trop peu nombreux clients ou sur un ou deux clients prépondérants, ils seront bien plus frileux pour acheter et votre prix de vente s'en ressentira. Diversifiez, on vous dit !

Nous vous recommandons ce logiciel pour suivre vos démarches de prospection : www.coulersaboite.com/49

À voir aussi

Lire les fiches n° 1, 6, 9, 10, 19, 23, 24, 25, 28, 30, 37, 42, 43, 44, 45, 46, 47, 48, 50, 51, 52, 53, 54, 55, 56, 57, 61, 62, 63, 64, 65, 66, 67, 68, 69, 70, 80, 85, 89, 91 et 92.

50

TANT QU'IL Y A DE L'ARGENT SUR VOTRE COMPTE BANCAIRE PRO, C'EST QUE L'ENTREPRISE VA BIEN

Vous avez regardé attentivement vos comptes professionnels ce matin et ô joie, vous avez un petit matelas confortable devant vous. Respirez, tout va bien ! C'est quand votre compte en banque est à plat qu'il faut s'inquiéter. Quand vous avez des liquidités, vous êtes tranquille.

Vous avez du cash sur votre compte, c'est déjà mieux que d'être dans le rouge, nous en convenons. De là à conclure que tout va bien, il y a un grand pas. Il faut bien différencier votre trésorerie (ce que vous avez sur votre compte) de votre résultat. Les deux n'ont rien à voir. La trésorerie, c'est l'indicateur de la solvabilité de votre entreprise, en gros de combien d'argent vous disposez là, tout de suite, maintenant. Le résultat, c'est l'indicateur de votre rentabilité, à savoir si vous créez plus de richesses que vous en utilisez. Ne les confondez pas, cela poserait de sacrés problèmes !

Le p'tit conseil du loser

Avez-vous bien regardé d'où venait l'argent dont vous êtes en possession ? Si vous n'êtes pas à découvert grâce à la TVA que vous avez encaissée, il y a du souci à se faire, parce que vous allez devoir la décaisser bientôt ! Faites également attention au fameux « coup de bambou » du RSI[1], qui vous réclame les charges du dirigeant deux ans après vos rémunérations. Eh oui, tant que vos revenus ne sont pas connus du RSI, celui-ci vous applique un forfait de cotisation qui peut être sans le moindre rapport avec votre réel niveau de salaire. À la fin de l'année deux, le RSI refait les calculs sur la base de vos revenus réels. Vous avez donc tout intérêt à avoir provisionné en conséquence, car l'addition peut se révéler très salée !

À mettre dans vos favoris, cet agenda avec les charges et taxes à payer chaque mois : www.coulersaboite.com/50

À voir aussi

Lire les fiches nº 1, 6, 10, 19, 23, 24, 25, 28, 42, 43, 44, 45, 46, 47, 48, 49, 51, 52, 53, 54, 55, 67, 80, 91 et 92.

1. Régime social des indépendants.

51

PROFITEZ DE LA CARTE BANCAIRE DE L'ENTREPRISE POUR VOS VACANCES

Vous ne vous payez déjà pas beaucoup, alors il est normal de compenser vos efforts de temps à autre. Par exemple, lorsque vous partez en vacances, utilisez les comptes de la société pour payer votre hôtel, vos billets d'avion ou vos cours de plongée en argumentant que vous y rencontrez des clients potentiels. Quelques caisses de Château Smith Haut Lafitte (en blanc, le meilleur) réglées avec la carte bancaire pro peuvent contribuer à vous faire accepter votre salaire de misère et vos horaires de fou – à condition de rester raisonnable, bien sûr.

Continuez comme cela, nous vous enverrons des oranges lorsque vous serez en prison ! Il faut séparer très clairement vos comptes personnels de vos comptes professionnels. Vous êtes constamment en représentation pour votre entreprise, certaines dépenses se justifient complètement : d'accord pour le resto étoilé que vous avez offert à vos meilleurs clients, oui aux places de concert auquel vous avez assisté avec un prospect sur le point de signer un joli contrat, *yes* au remboursement d'hôtel pour le congrès auquel vous avez assisté. En revanche, le soi-disant séminaire aux Seychelles avec votre conjoint risque de déplaire à l'administration fiscale, et ces gens-là n'aiment pas trop être pris pour des abrutis… Croyez-nous, vous n'avez pas envie de les mettre de mauvaise humeur, ça pourrait vite devenir très désagréable pour vous.

Le p'tit conseil du loser

Si la frontière entre dépenses autorisées et abus de biens sociaux paraît souvent évidente, les remboursements de frais des gérants sont très encadrés. Pour vous prémunir du moindre risque et vous rembourser en toute sérénité, faites appel à votre nouveau meilleur ami, votre expert-comptable !

Voici une application toute simple et pas chère pour gérer vos notes de frais depuis votre smartphone : www.coulersaboite.com/51

À voir aussi

Lire les fiches n° 1, 6, 10, 19, 23, 24, 25, 28, 42, 43, 44, 45, 46, 47, 48, 49, 50, 52, 53, 54, 55, 67, 80, 91 et 92.

52

NE FAITES PAS DE REPORTING MENSUEL, ÇA PREND DU TEMPS ET C'EST PAS MARRANT

L'un des intérêts d'être son propre patron, c'est de ne plus avoir à faire le reporting mensuel pour son boss. Vu que vous savez très bien ce que vous avez fait le mois dernier, s'amuser à faire de jolis tableaux Excel et des graphiques en couleur, ce serait du vice. Laissez tomber, vous n'avez de comptes à rendre à personne. Youpi !

Humm... désolé de vous décevoir, mais le reporting, ce n'est pas optionnel. En aucun cas. Jamais. Pourquoi ? Parce que le reporting vous permet de savoir exactement ce qui s'est passé, pourquoi ça s'est passé et quelles sont les prochaines étapes à envisager. Sans tomber dans la « chiffrite » aiguë, choisissez quelques indicateurs de performance (aussi appelés KPI[1]) – vous savez, ces chiffres clés pour savoir où en est l'activité de votre bébé – et analysez-les. Taux de marge, taux de conversion, nombre d'actions en cours à chaque étape du process commercial, retour sur investissement des actions commerciales, etc. Faites votre choix ! En tenant compte des informations délivrées par ces données, votre vision des actions à mener en priorité sera beaucoup plus claire.

1. Key Performance Indicators.

Le p'tit conseil du loser

C'est vrai, le reporting, c'est pénible ! Alors simplifiez-vous la vie en l'automatisant. Les logiciels de gestion de relation clients (CRM) sont d'excellents outils pour construire des reportings riches et efficaces. Il suffit d'entrer les données dans le logiciel, à une fréquence donnée (une fois par semaine, par mois, etc.) et l'analyse est effectuée automatiquement. Ce gain de temps important vous permet de vous concentrer sur le développement de votre projet.

Pour commencer, voici un logiciel de facturation très simple qui vous permettra de garder un œil sur vos chiffres : www.coulersaboite.com/52

À voir aussi

Lire les fiches n° 1, 6, 10, 19, 23, 24, 25, 28, 42, 43, 44, 45, 46, 47, 48, 49, 50, 51, 53, 54, 55, 67, 80, 91 et 92.

53

ACHETEZ BEAUCOUP DE STOCK POUR FAIRE BAISSER LES PRIX

Si vous vous lancez dans un business, que ce soit dans les T-shirts trendy ou les nouveaux Tupperware, achetez beaucoup de stock au départ pour faire baisser les prix. Cela vous permet d'obtenir un prix de revient bien plus bas, donc d'augmenter considérablement votre marge. Et qui dit augmentation de la marge dit bénéfices proches ! À bon entendeur...

Mauvaise idée. Pour deux raisons. Premièrement, il est bien plus malin de tester votre idée petit à petit avant de passer à l'échelle supérieure. En concevant votre projet de manière graduelle, vous vous gardez la possibilité de confronter votre produit, au fur et à mesure de ses évolutions, aux réalités du marché auquel vous vous êtes attaqué. Si vous vous rendez compte que le tissu que vous avez initialement choisi pour vos T-shirts ne plaît pas du tout, vous pourrez en changer au lieu d'avoir un stock de trois mille pièces invendables au fond de votre garage... Deuxièmement, c'est un très mauvais plan de faire un trou massif dans votre trésorerie en début de projet si vous pouvez vous en passer. Votre investissement de base doit vous laisser des liquidités pour fonctionner les premiers mois durant lesquels vous n'allez pas facturer grand-chose. N'oubliez pas, la trésorerie, c'est le nerf de la guerre !

Le p'tit conseil du loser

Tester la viabilité d'un projet, aujourd'hui, ne coûte pas forcément bien cher. Gardez bien cette information à l'esprit avant de vous lancer bille en tête dans des investissements trop hasardeux.

Bref, essayez de sortir votre produit rapidement, sans trop vous ruiner, quitte à en proposer une version 2 très vite ensuite si nécessaire.

Vous pouvez aussi lancer une campagne de *crowdfunding* (financement participatif) sur Kickstarter (www.coulersaboite.com/53A) ou KissKissBankBank (www.coulersaboite.com/53B) pour que vos premiers produits soient commandés avant même d'être fabriqués !

À voir aussi

Lire les fiches n° 1, 6, 10, 19, 23, 24, 25, 28, 42, 43, 44, 45, 46, 47, 48, 49, 50, 51, 52, 54, 55, 67, 80, 91 et 92.

C'EST DU VÉCU
PME, ATTENTION AUX MARCHÉS PUBLICS !

Hugo Charbonnel est directeur général de Charbonnel

Je dirige Charbonnel, une PME d'une cinquantaine de collaborateurs dans le BTP, qui fait de l'aménagement intérieur de bureaux. Au début des années 2000, nous nous sommes spécialisés dans le milieu hospitalier, là où il y avait un marché important à prendre. La plupart de nos chantiers se sont bien passés, mais nous avons eu de grosses difficultés sur deux d'entre eux. En effet, le Code des marchés publics a une spécificité de taille : la personne publique a le droit de vous adresser des ordres de services exécutoires sans incidence de planning ni incidence financière. Vous êtes donc obligé d'effectuer ces travaux et ne pouvez réclamer les sommes qui vous sont dues pour lesdits travaux qu'une fois que vous présenterez votre décompte général définitif. Et cela peut prendre un certain temps... Je suis allé jusqu'à saisir le tribunal administratif en 2007 pour des sommes qui m'étaient dues depuis 2005. Et en 2016, l'affaire n'a toujours pas été jugée.

Avant de vous lancer sur les marchés publics, il faut vous assurer d'avoir une trésorerie en béton armé : les règlements peuvent arriver bien après les délais prévus. Il faut avoir les reins particulièrement solides pour que vos banquiers et vos investisseurs vous suivent malgré les délais conséquents. S'ils venaient à vous lâcher, vous vous trouveriez dans une situation bien délicate...

Avec le recul, je pense qu'il n'aurait pas fallu mettre tous mes œufs dans le même panier en me spécialisant uniquement dans les marchés publics ; la diversité des clients est une assurance de stabilité, ne l'oubliez pas.

Enfin, j'ai clairement négligé la difficulté qui nous attendait en allant au tribunal. Je me sentais dans mon bon droit et n'avais pas suffisamment pris en compte les délais auxquels s'attendre. Nous n'avions pas assez de trésorerie pour tenir sur la longueur et nous nous sommes appauvris. Il aurait fallu dire « Stop » plus tôt et se faire financer la réclamation plutôt que d'utiliser des fonds propres.

54

UN BON LOGICIEL EST UN LOGICIEL PAYANT !

Au départ, même si ça fait hurler votre portefeuille, il faut acheter vos logiciels de travail. Eh oui, ce n'est pas parce que vous montez une start-up qu'il faut tomber dans la bidouille : soyez tout de suite pro dans votre démarche. Bien sûr, ça va vous coûter pas mal d'argent, mais pour bien bosser, il faut avoir les bons outils. Et ça, ça passe par des logiciels payants, vous n'avez pas le choix.

Si utiliser les bons logiciels pour travailler sereinement est indispensable dès le début de votre activité, les acheter, *a fortiori* tous en même temps, risque de faire un sacré trou dans votre trésorerie pas si florissante que cela ! Pour concilier vos besoins avec vos moyens, il va falloir la jouer fine. Mais pas d'inquiétude, deux options s'offrent à vous. La première ? Louer vos logiciels. Pas bête, hein ? Cette possibilité vous permet de sortir moins de cash d'un coup ; c'est donc beaucoup moins violent pour votre compte en banque. En plus, la location inclut des mises à jour régulières, ce qui est un petit « plus » intéressant pour vous. Autre possibilité, vous lancer dans l'utilisation de logiciels libres, comme Open Office ou GIMP. Attention tout de même aux questions de compatibilité entre ces logiciels et ceux qui sont utilisés par le commun des mortels. Ce serait trop bête de bosser cinq heures sur un document que personne en dehors de votre entreprise ne peut ouvrir !

Le p'tit conseil du loser

Ne vous laissez pas tenter par des versions piratées. Même si vous ne risquez pas grand-chose au début (les contrôles au bout de trois ans d'activité ne sont pas si fréquents que cela), ce n'est pas un bon signal à envoyer à vos collaborateurs et surtout, ça peut vous coûter très cher en amendes. Soyez radin, mais pro !

Voici 1 625 logiciels libres à découvrir ici : www.coulersaboite.com/54

À voir aussi

Lire les fiches n° 1, 6, 10, 19, 23, 24, 25, 28, 42, 43, 44, 45, 46, 47, 48, 49, 50, 51, 52, 53, 55, 67, 80, 91 et 92.

55

SNOBEZ LES PARTENAIRES FINANCIERS TANT QUE VOUS AVEZ DE LA TRÉSORERIE

On l'a déjà dit, l'un des nerfs de la guerre, c'est la trésorerie. Alors quand vous en avez, vous êtes le roi du pétrole. Plus la peine de vous embêter à bichonner des partenaires financiers dont vous n'avez pas besoin. Faire le lèche-bottes, c'est déjà pénible, alors agir ainsi pour le principe serait une perte de temps. Si un jour vous avez besoin de cash, il sera bien temps de leur faire du charme à ce moment-là. Pour le moment, profitez !

On ne vous a jamais dit qu'aller vers les gens uniquement lorsque vous avez quelque chose à leur demander risquait de ne pas créer de relations très saines, ni très productives ? Non ? Eh bien maintenant, vous le savez ! Alors même si vous avez de la trésorerie, rencontrez régulièrement vos partenaires financiers pour les tenir au courant de l'évolution de votre entreprise, de vos nouveaux projets, des tendances de votre marché, etc. En tissant ces bonnes relations « gratuitement », vous vous assurez presque à coup sûr leur appui le jour où vous vous trouverez en difficulté financière. Ils vous connaîtront bien, vous et votre projet, et vous prêteront forcément une oreille bien plus attentive que si vous débarquiez de nulle part en leur réclamant de l'argent pour un projet, certes génial, mais dont ils ne savent rien…

Le p'tit conseil du loser

Ne négligez pas les petits partenaires au profit des gros. Vous ne pouvez pas savoir de quoi l'avenir sera fait. Si votre gros partenaire vous plante, vous serez bien content de pouvoir faire appel aux petits avec qui vous entretenez des bonnes relations depuis le début de votre projet. En revanche, si vous les avez snobés pour vous consacrer aux gros, ils se feront sûrement un malin plaisir de vous ignorer à leur tour. Ce serait de bonne guerre, non ?

Un bon plan pour garder un bon niveau de trésorerie consiste à affacturer certaines prestations avec Finexkap : www.coulersaboite.com/55

À voir aussi

Lire les fiches nº 1, 6, 10, 11, 19, 23, 24, 25, 26, 27, 28, 29, 30, 38, 42, 43, 44, 45, 46, 47, 48, 49, 50, 51, 52, 53, 54, 59, 62, 67, 80, 83, 91 et 92.

56

ON N'A PAS VRAIMENT BESOIN D'UN CONTRAT, SERRONS-NOUS LA MAIN !

Les contrats, lorsque l'on monte sa boîte, c'est surtout une perte de temps. Lorsque vous aurez quinze commerciaux et un portefeuille clients épais comme la main, vous vous y collerez. Mais pour le moment, vous pouvez vous contenter de la bonne vieille poignée de main avec votre client. La confiance, c'est aussi une des bases de la relation commerciale. Ne la sabordez pas avec un contrat de dix pages à signer en quatre exemplaires.

Le contrat commercial, c'est comme le contrat de mariage. Tant que l'amour est là, tout va. mais en cas de divorce ? Mettez toutes les chances de votre côté pour créer une bonne relation avec vos clients, signez-les, ces contrats ! Ce document donne un cadre clair à votre relation avec votre client et est extrêmement rassurant pour les deux parties. Vous y dressez noir sur blanc les obligations de chacun, le contenu précis des prestations, les délais, les tarifs, les solutions de sortie en cas de mésentente. Plus vous serez clair et précis dans les termes, plus vous désamorcerez les risques de conflit, car tout y est stipulé. Bref, le contrat, c'est une assurance pour travailler sereinement.

Le p'tit conseil du loser

Ne vous transformez pas en « *killer* » dès que la phase de signature du contrat approche. Il est normal que chaque partie souhaite obtenir un contrat qui corresponde à ses attentes. Restez donc calme et pédagogue. Après commence la relation client, que vous souhaitez harmonieuse et prolifique, non ?

À voir aussi

Lire les fiches n° 1, 8, 9, 12, 24, 25, 28, 30, 37, 49, 57, 58, 59, 60, 61, 62, 63, 64, 65, 66, 67, 68, 69, 70, 82, 85 et 89.

57

ACCORDEZ DES EXCLUSIVITÉS À VOS MEILLEURS CLIENTS

Trouver des clients, ça ne se fait pas en claquant des doigts. Alors quand on en tient d'excellents, tant en récurrence qu'en chiffre d'affaires, il faut tout faire pour les fidéliser. Et ça, ça passe par des concessions : offrez-leur la possibilité d'avoir l'exclusivité de certains de vos services les plus pointus, pour sécuriser ainsi votre relation avec eux. Croyez-nous, c'est bien plus rentable que de courir après cinquante lièvres à la fois.

De toutes les manières de planter sa boîte que nous répertorions, celle-ci est plutôt bien placée… N'accordez jamais d'exclusivité (sauf si vous l'encadrez dans le temps – court – et le territoire – réduit – et en échange d'un énorme engagement financier) ! L'un des intérêts d'un bon client, d'un client satisfait, c'est qu'il va faire de la pub pour vous et vos services, ce qui vous rapportera d'autres clients, que l'on vous souhaite aussi bons, voire meilleurs. Si vous accordez des exclusivités, vous vous privez de l'un des leviers de croissance les plus efficaces, qui ne coûte rien, en plus. Et puis, lorsqu'un client a accepté de signer son premier contrat avec vous, l'exclusivité ne faisait pas partie du *deal* : croyez-vous que ce soit un argument si important que cela pour lui ? Pas sûr du tout. Ce n'est pas parce que vous accordez une exclusivité que la relation avec le client sera forcément plus pérenne. Cela ne fera que déséquilibrer vos rapports en vous mettant totalement à sa merci : il aura le pouvoir de tout arrêter et de vous « planter », sans autre débouché pour votre produit ou service. Et là, vous vous retrouverez, passez-nous l'expression, le bec dans l'eau…

Le p'tit conseil du loser

Si vous voulez faire sentir à vos meilleurs clients qu'ils vous sont très chers, proposez-leur plutôt des services complémentaires liés à leur fidélité : *hotline* personnalisée, montée en gamme offerte, etc. Le champ des possibles est large, faites-leur plaisir sans vous mettre des bâtons dans les roues ! Et encouragez-les à vous recommander au plus grand nombre !

À voir aussi

Lire les fiches n° 1, 8, 9, 12, 24, 25, 28, 30, 37, 49, 56, 58, 59, 60, 61, 62, 63, 64, 65, 66, 67, 68, 69, 70, 82, 85 et 89.

58

PENSEZ AVANT TOUT AU CHOIX DE VOTRE STATUT JURIDIQUE. C'EST LA DÉCISION LA PLUS IMPORTANTE POUR RÉUSSIR !

Un bon choix de statut est déterminant pour la réussite de votre projet. Ne faites pas l'erreur d'attendre avant de vous décider. Le statut, c'est essentiel, consacrez-y le temps nécessaire dès maintenant !

Eh bien figurez-vous que ce n'est pas si primordial que cela... Même si cela paraît étonnant, quand on y réfléchit bien, c'est logique : ce n'est pas le choix de statut qui va vous faire réussir. Alors pas de panique, on ne se précipite pas ! Il serait dommage de vous engager dans un statut alors que vous êtes encore en phase de réflexion et que de nombreuses données peuvent encore changer. Faites votre choix le plus tard possible, c'est-à-dire au moment où vous aurez des clients, pas avant. Intéressez-vous également à ce qui se passerait en cas d'échec (on ne vous le souhaite pas, mais ça arrive à des gens très bien !). C'est un point essentiel, car il faut prévoir une porte de sortie qui vous évite de vous mettre en danger personnellement si votre projet échoue.

Le p'tit conseil du loser

EI, EURL, SARL, SAS, SA[1]... Pas facile de se décider, car chaque structure a ses spécificités et ses avantages. Par exemple, si vous choisissez une SA, votre responsabilité ne sera pas toujours limitée aux apports : en cas de faute de gestion, vous pouvez vous retrouver mis en cause personnellement... Privilégiez donc les solutions qui limitent la responsabilité du dirigeant en cas de « plantage » : l'EURL, la SARL et la SAS. L'EURL est le statut le plus simple à mettre en place. Plus lourde à monter, la SAS constitue le choix indispensable si vous envisagez une levée de fonds. Sachez aussi que si l'on peut passer de la SARL à la SAS, l'inverse est moins évident. Vous avez des doutes ? Pourquoi ne pas prendre conseil auprès d'un avocat ? Après tout, c'est son métier !

Pour vous aider à vous décider, voici une solution en ligne accessible à toutes les bourses : www.coulersaboite.com/58A
Et une vidéo de trois minutes qui présente les principaux statuts : www.coulersaboite.com/58B

À voir aussi

Lire les fiches n° 1, 8, 12, 25, 56, 57, 59, 60 et 82.

1. Entreprise individuelle, entreprise unipersonnelle à responsabilité limitée, société à responsabilité limitée, société par actions simplifiée, société anonyme.

59

DÉPOSEZ VITE UN BREVET POUR ÉVITER DE VOUS FAIRE COPIER !

Quand la réussite de votre boîte repose sur l'exploitation d'une innovation, qu'il s'agisse d'un process ou d'un produit, il n'y a pas d'hésitation à avoir : déposez un brevet. Grâce à lui, vous êtes protégé et évitez tout risque d'être copié par la concurrence. Cela vous permet de travailler au développement de votre projet bien plus sereinement, non ?

Premièrement, déposer un brevet coûte très cher, car vous devez faire appel à un cabinet de juristes spécialisés en propriété intellectuelle pour le rédiger. Et ça, ce n'est pas franchement cadeau... D'autant qu'à ce coût il faut ajouter celui du dépôt lui-même. Quand on en est à compter chaque dépense pour garder de la trésorerie, ce n'est pas génial. Mais bon, s'il n'y avait que cela... Car la vérité est cruelle à entendre : un brevet n'empêche pas la copie, mais donne seulement la possibilité de poursuivre les auteurs de la contrefaçon. Certes, ce n'est déjà pas mal, mais compte tenu des sommes à débourser pour entamer des poursuites, surtout si ceux qui vous ont copié ont une assise financière dont vous êtes dépourvu, vous vous lanceriez dans une bataille perdue d'avance. Alors un brevet, ça sert, oui. À faire joli, accroché au mur de votre bureau.

Le p'tit conseil du loser

Soyez lucide : ne pas être copié, ce n'est pas possible. Ou alors c'est parce que votre idée est nulle et que personne ne veut se planter comme vous… Mais pour essayer de ne pas trop souffrir des imitations, il n'y a pas trente-six solutions : faites vite, que ce soit techniquement ou sur le plan commercial. Inondez le marché avec votre produit, diffusez votre process le plus largement possible. Zou, au boulot !

Si vous voulez tout de même « dater » votre idée, il existe l'enveloppe Soleau, simple et pas chère (mais qui ne vous protège pas) : www.coulersaboite.com/59

À voir aussi

Lire les fiches n° 1, 8, 11, 12, 24, 25, 26, 27, 29, 30, 38, 46, 55, 56, 57, 58, 60, 62, 82 et 83.

60

L'ASSOCIATION EST UNE RELATION DE CONFIANCE : NE PERDEZ PAS TROP DE TEMPS AVEC UN PACTE D'ASSOCIÉS

S'associer, c'est une grande décision. Cette démarche doit être motivée non seulement par une vision commune de votre projet d'entreprise, mais surtout par une confiance totale. Vous allez passer énormément de temps ensemble, monter une entreprise ensemble, alors forcément, parfois, il y aura des tensions. Mais ce n'est pas un pacte d'associés qui résoudra les problèmes qui pourraient se présenter. Misez plutôt sur une relation honnête et sincère, c'est bien plus efficace.

S'associer peut se révéler un véritable cauchemar si vous n'avez pas prévu les différents scénarios de sortie à l'avance. Comment votre associé réagira-t-il dans cinq ans, dans dix ans ? Quelles seront vos attentes respectives ? Quels problèmes pourraient survenir entre vous ? Personne ne peut le savoir, alors ne tentez pas le diable en vous fondant sur une amitié, même solide. Installez-vous autour d'une table et discutez de tous les points importants qui régiront votre association, puis couchez le tout par écrit. Ce document, pacte d'associés ou acte d'engagement, « borde » au maximum votre association et les sujets qui pourraient créer des frictions : répartition des tâches, des prérogatives, des parts, scénarisation de sortie, etc. Vous mettez ainsi toutes les chances pour que votre association soit un long fleuve tranquille, car c'est ce que tout le monde souhaite, pas vrai ?

Le p'tit conseil du loser

Ce n'est pas parce que vous avez signé un pacte d'associés qu'il faut vous passer de communiquer régulièrement sur des sujets de fond entre vous. Prenez le temps de le faire. Car c'est en évitant les sujets de friction que vous risquez de créer des conflits larvés qui finiront par vous exploser à la figure. Alors parlez, parlez et parlez encore !

Se retrouver dans un bar et discuter de choses sérieuses un verre (ou deux ou trois) à la main, ça peut aider pour TOUT se dire. Vous avez vraiment besoin d'une liste de bars près de chez vous ? Ou vous allez vous débrouiller ?

À voir aussi

Lire les fiches n° 1, 2, 3, 4, 5, 6, 7, 8, 9, 10, 11, 12, 13, 14, 15, 16, 17, 18, 19, 20, 21, 22, 25, 32, 48, 56, 57, 58, 59, 66, 82, 95 et 98.

61

SI VOTRE PRODUIT EST BON, IL SE VENDRA TOUT SEUL

Pas la peine de vous ruiner et de perdre du temps à vendre votre produit : s'il est bon, le bouche-à-oreille fera le nécessaire. Les paillettes, les grands discours sur son efficacité ne remplacent pas votre argument essentiel : le produit lui-même. Concentrez-vous donc sur son développement au lieu de perdre du temps à essayer de convaincre vos prospects.

Hum... redescendons sur Terre, OK ? Premièrement, ne partez pas du principe que votre produit est bon sans tester l'idée au fur et à mesure de son développement auprès de cibles potentielles. Ce serait franchement idiot de se rendre compte, une fois votre merveille lancée, qu'elle n'intéresse personne ! Pour cela, posez-vous régulièrement ces quelques questions essentielles : quelle est la problématique de ma cible ? Comment mon produit va-t-il apporter une solution à ce problème ? Combien ma clientèle serait-elle prête à investir pour que je résolve son problème ?

Deuxièmement, notez ça sur un Post-it ou mieux, gravez-le sur votre cheminée, votre tête de lit ou le miroir de votre salle de bains : avoir la super-idée, le super-produit ou le meilleur des services ne suffit pas. Il faut « vendre » votre produit auprès de votre cible potentielle. Soyez donc pédagogue et guidez votre prospect là où vous le souhaitez, c'est-à-dire à vous choisir vous plutôt qu'un concurrent. C'est alors qu'il faut sortir l'artillerie lourde : indiquez les bénéfices que le client tire de votre produit et démontrez que vous pouvez tenir vos promesses.

Le p'tit conseil du loser

Il n'est pas question d'inventer des qualités à votre produit, mais simplement d'avoir un discours qui mette en évidence les avantages que peuvent en tirer vos clients potentiels. Pour faire simple, montrez que vous pouvez résoudre le problème du prospect, et ceci mieux que la concurrence, pour un rapport qualité/prix plus intéressant pour lui. Après tout, c'est tout ce qui l'intéresse, non ?

À voir aussi

Lire les fiches n° 7, 9, 13, 17, 24, 28, 30, 33, 34, 35, 36, 37, 38, 39, 40, 41, 42, 49, 56, 57, 62, 63, 64, 65, 66, 67, 68, 69, 70, 85, 88 et 89.

62

PAYEZ VOS COMMERCIAUX UNIQUEMENT À LA « COM' »

Pour motiver les commerciaux, il faut les rémunérer uniquement à la commission. Rien de mieux pour créer une saine émulation et les tirer vers le haut, pas vrai ? De toute façon, c'est dans leur ADN, ils adorent les challenges. Et puis au moins, vous ne prenez pas de risque : s'ils ne vendent rien, ils ne vous coûtent rien. Et ça, quand on lance sa boîte, c'est rassurant.

Votre équipe commerciale, c'est le lien entre votre offre et vos clients. C'est une bonne raison pour y prêter une attention toute particulière, non ? Alors faites-nous plaisir, oubliez le mythe ridicule du commercial solitaire qui explose tous les objectifs en tirant dans les pattes de ses collègues. Pour gagner en performance, les commerciaux doivent cordonner leurs actions, partager leurs bonnes pratiques et être totalement transparents dans leurs activités. Bref, ce n'est pas en les plaçant en situation précaire qu'ils vont rapporter de l'agent à l'entreprise. Parce que c'est tout de même ça, le but, non ?

Le p'tit conseil du loser

Pas toujours facile de motiver une équipe de commerciaux à « faire » toujours plus de chiffre que la veille... N'hésitez pas à réaliser des points d'étape avec des solutions pour organiser des réunions connectées lorsque vos équipes sont dispersées sur les routes de France, comme GoToMeeting (www.coulersaboite.com/62A).

Il existe également des plates-formes collaboratives, telles qu'Incenteev (www.coulersaboite.com/62B), qui permettent aux commerciaux de voir les résultats par rapport aux objectifs personnels et collectifs. On peut aussi y communiquer sur les bonnes pratiques et encourager les membres de l'équipe. Si vous voulez encourager une « saine émulation », vous pourrez en féliciter certains et secouer celui qui a un petit coup de mou !

À voir aussi

Lire les fiches n° 9, 11, 24, 26, 27, 28, 29, 30, 37, 38, 46, 49, 55, 56, 57, 59, 61, 63, 64, 65, 66, 67, 68, 69, 70, 83, 85 et 89.

63

EN CAS DE NÉGOCIATION, DIVISEZ VOTRE PRIX PAR DEUX. COMME ÇA, POUR ÊTRE SYMPA

Votre prospect est déjà bien sympa d'acheter votre produit, alors faites-lui une grosse remise, il aura une meilleure image de vous. Surtout qu'il vous l'a demandé si gentiment, ce rabais... Ce ne serait pas cool de lui dire « Non ». En plus, si vous cédez, vous le fidéliserez à coup sûr, et ça, c'est beaucoup plus important que d'être rentable, non ?

Un produit qui n'a pas de prix n'a pas de valeur. Mettez-vous ça dans la tête, avec votre bonnet par-dessus. En cassant les prix, vous briseriez la valeur symbolique de votre produit. Vous avez fixé un tarif, il est juste, ne dévalorisez pas votre offre en divisant le prix par deux. Bien sûr, il n'est pas question de rester fixé au centime près. Déterminez à l'avance votre point de rupture de négociation (quand le *deal* vous fait perdre de l'argent), suggérez de négocier autre chose si les choses coincent encore (un délai, un service complémentaire, etc.) ou encore proposez un échelonnement de paiement. Et n'oubliez pas de positionner votre offre par rapport à la concurrence pour montrer que vous êtes compétitif et que votre prix est jus-ti-fié !

Le p'tit conseil du loser

Pas besoin d'être membre du MI6 pour se renseigner sur l'état d'esprit de votre prospect avant de vous lancer dans la négo : essayez de mieux le connaître. En utilisant Tilkee (www.coulersaboite.com/63), un logiciel d'optimisation de la relance, vous accédez aux statistiques de lecture de vos documents (date, temps de consultation, qui, combien de fois, etc.). Une fois « dans la tête » du prospect, vous aurez une meilleure vision de votre marge de négociation. Il a transmis votre proposition à des collègues ? Il l'a lue en détail plusieurs fois ? Pas de doute, il est intéressé, soyez ferme en négo. S'il n'a passé que trente secondes sur le prix, ça risque d'être serré... On ne peut pas gagner à tous les coups, c'est un loser qui vous le dit !

À voir aussi

Lire les fiches n° 9, 24, 28, 30, 37, 49, 56, 57, 61, 62, 64, 65, 66, 67, 68, 69, 70, 85 et 89.

64

EN RENDEZ-VOUS, NE PRENEZ PAS DE NOTE, ÇA FAIT TROP SCOLAIRE

Un bon commercial, ça a tout dans la tête : pas besoin de notes quand on a un cerveau en état de marche. Et puis franchement, le prospect vous prendrait pour un poussin sorti de l'œuf si vous notiez les infos pendant qu'il vous parle. Et en rendez-vous, on est là pour faire le show, pas vrai ?

Encore un cliché sur le commercial frimeur avec attaché-case et sa cravate Snoopy. Prendre des notes, c'est indispensable. D'abord parce qu'il est humainement impossible de se souvenir de toutes les infos, dates et tous chiffres que votre prospect va vous transmettre. Et ces données, vous en aurez besoin pour faire une proposition commerciale adaptée à ses besoins. Franchement, quelle image donneriez-vous si vous rappeliez votre prospect pour obtenir des informations qu'il vous a déjà communiquées ? Ou encore pire, si vous lui faisiez une proposition qui ne tient pas compte de ses spécificités ? Bref, la prise de notes, ce n'est pas optionnel et en plus, cela dénote le sérieux de votre démarche.

Le p'tit conseil du loser

Le carnet Moleskine a fait son temps. Bien sûr, c'est « classe », mais Hemingway n'était pas commercial, lui. Un grand cahier avec des pages sur le côté (pour revenir en arrière facilement) et des pages détachables vous simplifiera la vie.

Si vous êtes plutôt nouvelles technologies, pourquoi ne pas passer aux applis de prise de notes ? Clavier, stylet, photo ou audio, sur smartphone, tablette ou ordinateur, vous trouverez la formule qui vous correspond. Fini les infos perdues ou notées dans le cahier précédent. En plus, ces applis permettent de partager les infos (eh oui, le commercial ne travaille pas seul !), les éditer, les organiser et les retrouver sur vos autres supports grâce à la synchronisation.

Evernote (www.coulersaboite.com/64A), Google Keep (www.coulersaboite.com/64B) pour les plus traditionnels, Mindomo (www.coulersaboite.com/64C), Xmind (www.coulersaboite.com/64D) pour les plus schématiques, l'offre est large. En plus, la plupart d'entre elles sont gratuites, alors pourquoi se priver ?

À voir aussi

Lire les fiches n° 9, 24, 28, 30, 37, 49, 56, 57, 61, 62, 63, 65, 66, 67, 68, 69, 70, 85 et 89.

65

DEVANT VOTRE PROSPECT, DÉNIGREZ VOS CONCURRENTS

Laissez entendre que vos concurrents sont nazes, qu'ils sont toujours en retard, que leur SAV laisse à désirer, que vous récupérez régulièrement leurs anciens clients mécontents, etc. C'est sûr, votre prospect hésitera à aller les voir avec le joli tableau que vous avez dressé d'eux. Vous tenez là le meilleur moyen de vous assurer de l'avoir comme client. Après tout, le commerce, c'est la guerre. Et on ne fait pas de quartier !

Franchement, vous y croyez à cette technique de manipulation de maternelle ? Si votre argument choc, c'est que les autres sont plus nuls que vous, il va falloir revoir sérieusement le positionnement de votre offre !

En débinant les autres, non seulement votre prospect risque de perdre confiance en vous (qu'est-ce qui lui dit que vous n'allez pas lui casser du sucre sur le dos dès la porte refermée ?) mais en plus vous créez un climat de suspicion valable pour toute la profession. Sans compter qu'il pensera probablement que vous le prenez pour un pigeon incapable de se faire son propre jugement, ce qui n'est pas le meilleur moyen de lui faire signer un joli petit contrat…

Et puis la tentative de manipulation risque de donner un sale coup à votre image de marque : montrer un minimum de respect pour « votre concurrent mais néanmoins ami », c'est plus « classe » quand même.

Le p'tit conseil du loser

N'oubliez pas que critiquer ouvertement son concurrent peut être assimilé à de la concurrence déloyale par dénigrement, qui consiste à « jeter publiquement le discrédit sur la personnalité, les produits ou les prix de l'entreprise concurrente ». Et l'article L. 120-1 du Code de la consommation indique que « les pratiques commerciales déloyales sont interdites ». On sait, c'est dingue, mais bon, il faut faire avec... Bref, il va falloir vous concentrer sur les qualités de votre offre plutôt que sur les ratés des autres !

À voir aussi

Lire les fiches n° 9, 24, 28, 30, 37, 49, 56, 57, 61, 62, 63, 64, 66, 67, 68, 69, 70, 85 et 89.

66

DÉMARREZ VOTRE PROSPECTION AVEC UNE ADRESSE HOTMAIL OU VOILA !

Pas la peine d'attendre de créer une adresse mail professionnelle qui va vous coûter un bras pour commencer votre prospection. Démarrez plutôt avec Hotmail ou Voila : une boîte mail, c'est juste une boîte mail, pas la peine d'en faire des tonnes pour si peu.

Reprenons un concept de base : une entreprise se doit d'avoir une image sérieuse, qui inspire confiance à ses futurs clients. Sans dire qu'il vous faut absolument consacrer toute votre trésorerie à faire réaliser des cartes de visite plaquées or, bidouiller une adresse hotmail.com ou laposte.fr pour prospecter, c'est comme dire à l'administration fiscale que vous faites faire votre compta par votre petit-neveu de 12 ans, vous savez, celui qui est fort en maths : crédibilité zéro ! En dehors de cet aspect non négligeable, un mailing sur ce type de boîte vous prendrait un temps fou. Imaginez-vous ajouter à la main cinquante destinataires (le maximum possible dans la plupart des cas), cliquer sur envoyer, puis recommencer encore et encore... Un excellent moyen de perdre du temps et de planter sa boîte, c'est sûr ! Et enfin, une adresse perso d'où partent autant de messages ne tarde pas à être repérée par les fournisseurs d'accès Internet. Traduction : vous serez considéré comme spammeur, même par votre mère...

Le p'tit conseil du loser

On se met tout de suite à une adresse mail pro. Si vous ne voulez pas dépenser un kopeck, vous pouvez commencer avec gmail, qui propose un système de messagerie pro tout à fait acceptable quand on se lance, du type nomdesociete@gmail.com. Mais on vous conseille tout de même de passer rapidement à un système plus performant, qui a certes un coût, mais qui vous fera gagner un temps précieux. Par exemple OVH (www.coulersaboite.com/66A) : pour 3,99 € par an, vous avez votre nom de domaine et une adresse mail. À mettre dans vos favoris, cet agenda avec les charges et taxes à payer chaque mois : www.coulersaboite.com/66B

À voir aussi

Lire les fiches n° 1, 2, 3, 4, 5, 6, 7, 8, 9, 10, 11, 12, 13, 14, 15, 16, 17, 18, 19, 20, 21, 22, 24, 28, 30, 32, 37, 48, 49, 56, 57, 60, 61, 62, 63, 64, 65, 67, 68, 69, 70, 85, 89, 95 et 98.

67

ATTENDEZ LA FIN DU MOIS POUR RELANCER VOS PROSPECTS

Ne vous cassez pas la tête à relancer vos prospects trop souvent, de toute façon ça les agace. En revanche choisissez judicieusement le moment où vous le faites : l'idéal, c'est la fin du mois, comme ça, vous atteignez vos objectifs juste avant de passer au mois suivant. Et hop, on gagne du temps !

Vos prospects ne sont pas des machines à valider vos offres commerciales à la demande. Un prospect, ça ne se transforme pas en client d'un coup de baguette magique. Vous êtes bien assis ? Quatre-vingt pourcent des ventes se font au bout d'au moins six contacts, or, seuls 10 % des commerciaux relancent au moins trois fois[1]. Bien sûr, ne tombez pas dans l'excès inverse. Trois appels et deux mails le lendemain de l'envoi de l'offre commerciale risquent d'angoisser un chouïa votre prospect... Privilégiez plutôt les relances espacées, de qualité. Vous pouvez aussi donner une *deadline* au-delà de laquelle votre proposition ne sera plus valable, pour ne pas vous sentir en position de faiblesse. Et surtout, faites de cette phrase votre mantra : après un rendez-vous, en relançant régulièrement, vous augmentez considérablement les chances de « convertir » le projet !

1. Source NSEA (National Sales Executive Association).

Le p'tit conseil du loser

Pour éviter de relancer inutilement... Pourquoi ne pas fixer un créneau ultérieur pour présenter votre offre alors que vous êtes encore en face de votre prospect ? C'est la technique des tout meilleurs ! Cela vous évite d'avoir à investir dans une boule de cristal (ou dans Tilkee) pour déterminer le meilleur moment pour le relancer.

Si vous souhaitez maîtriser les meilleures approches commerciales, nous vous recommandons les formations de Booster Academy, premier centre d'entraînement intensif à la vente : www.coulersaboite.com/67

À voir aussi

Lire les fiches n° 1, 6, 9, 10, 19, 23, 24, 25, 28, 30, 37, 42, 43, 44, 45, 46, 47, 48, 49, 50, 51, 52, 53, 54, 55, 56, 57, 61, 62, 63, 64, 65, 66, 68, 69, 70, 80, 85, 89, 91 et 92.

C'EST DU VÉCU
S'ASSOCIER DOIT ÊTRE UN ACTE MÛREMENT RÉFLÉCHI !

Guillaume Bourdon est cocréateur et associé de Ergon'homme

À 25 ans, fraîchement diplômé de mon école d'Arts appliqués, j'ai profité d'une opportunité pour créer mon agence de design dans un domaine qui me paraissait ouvert et sans grande concurrence : la signalétique. Comme je ne me sentais pas capable de porter seul mon projet, j'ai choisi de m'associer à une structure déjà existante. Au moment de concrétiser mon premier gros contrat, j'ai proposé une mission temporaire à un ami d'école. Celui-ci, pensant que l'histoire à venir serait belle, s'est imposé auprès de ma structure partenaire pour en devenir associé. Par crainte de perdre son amitié, je n'ai pas osé dire « Non ». Il est entré avec 20 % des parts puis avec le temps, je lui ai accordé 30 % pour le motiver. Sans m'en rendre compte, je lui accordais par la même occasion une minorité de blocage sur des points de statuts auxquels je n'avais pas été attentif (mon expert-comptable avait formalisé mes statuts d'entreprise de manière totalement absurde…). Pour parfaire le tableau, le rôle et les responsabilités d'associé n'avaient pas été discutés. Et évidemment, nous n'avions pas rédigé de pacte d'associés. Après dix années de douleur, de discussions et tractations diverses, nous en sommes presque venus aux mains. J'ai fini par vouloir me séparer de lui en lui rachetant ses parts. C'est là que la guerre a commencé. J'ai découvert des erreurs et ai dû le licencier pour faute lourde. Après avoir fait appel à des médiateurs et demandé l'aide du tribunal, évidemment sans succès, il a bloqué le changement d'adresse du siège social ou encore l'arrivée d'un nouvel associé. L'entreprise a fini par être liquidée. Cerise sur le gâteau, je suis le parrain de son fils. Inutile de dire que je ne le vois plus…

L'acte d'association est trop important pour n'être pas mûrement réfléchi. Se fonder sur une relation de confiance, même avec un excellent ami, ne suffit pas. Qui sait de quoi l'avenir sera fait ? Alors écrivez la fin de l'histoire dès le commencement. Avant de vous lancer, passez le temps nécessaire pour discuter de vos souhaits, de votre degré d'implication et de motivation, des évolutions de votre vie privée, de la répartition des responsabilités de chacun. Puis couchez-les par écrit, que ce soit sous forme de pacte d'associés ou d'acte d'engagement. Et n'hésitez pas à le relire ensemble régulièrement pour vérifier que vous êtes toujours en phase. Car c'est en taisant les choses que vous risquez de créer des tensions qui finiront par exploser.

Enfin, ne laissez pas votre expert-comptable rédiger vos statuts. Lui, son métier, c'est de regarder dans le rétroviseur. C'est à votre avocat de rédiger les papiers. S'en passer pour faire de petites économies, c'est prendre le risque de le payer très cher à l'arrivée !

68

CONTENTEZ-VOUS D'UN MAILING POUR VOTRE PROSPECTION

Un mailing bien pensé et envoyé aux bonnes personnes, c'est idéal pour votre prospection. Pas de perte de temps, en quelques clics : l'information arrive chez votre prospect qui prendra lui-même contact avec vous pour avoir plus de détails, si votre offre l'intéresse. Simple, efficace et économique, cette solution est idéale lorsque l'on court après le temps !

Ben voyons... Vous ne voudriez pas non plus que les clients viennent frapper à votre porte pour vous supplier de leu;r vendre quelque chose ? La prospection est un travail de longue haleine, souvent ingrat, il faut bien l'admettre. Pourtant, personne ne le fera mieux que vous. Vendez donc partout, tout le temps : parlez de votre activité, distribuez des cartes de visite, décrochez votre téléphone au lieu de vous cacher derrière votre ordinateur.

Votre but, c'est d'être visible : sur la Toile, dans les salons, en *networking*, dans la presse, bref, partout et tout le temps. Pourquoi ? Pour acquérir de nouveaux prospects que vous amènerez en douceur à vous considérer comme un acteur majeur dans votre domaine d'expertise. C'est là que vous pourrez leur vendre quelque chose, pas avant ! Oui, c'est un défi, mais ça en vaut la peine, non ?

Le p'tit conseil du loser

Appeler tous vos prospects dans l'ordre alphabétique, c'est la meilleure manière pour avoir envie de vous pendre avec le fil du téléphone à la fin d'une journée de prospection. Comment rendre le démarchage moins décourageant, plus efficace et surtout plus rentable ? En identifiant les prospects à potentiel, ceux qui vont probablement vous acheter quelque chose. Les outils de Sales Intelligence, tels Mixdata (www.coulersaboite.com/68A), Corporama (www.coulersaboite.com/68B) ou C-RADAR (www.coulersaboite.com/68C), trient pour vous les prospects chauds, ceux qui sont prêts à être « cuisinés » en direct. Il faudrait être maso pour s'en passer !

À voir aussi

Lire les fiches n° 9, 24, 28, 30, 37, 49, 56, 57, 61, 62, 63, 64, 65, 66, 67, 69, 70, 85 et 89.

69

NE DEMANDEZ PAS À VOS CLIENTS POURQUOI VOUS AVEZ PERDU !

Quand votre prospect ne choisit pas votre offre, surtout, restez digne, ne posez pas de question. C'est déjà assez humiliant comme ça, autant conserver le peu d'amour-propre qui vous reste. Après tout, à la première occasion, vous retenterez le coup avec lui, autant ne pas se griller en venant pleurnicher sur le mode « Pourquoi vous ne m'avez pas choisiiii ? ».

Souvenez-vous : ce n'est pas votre petite personne qui est remise en cause, mais votre proposition commerciale, nuance. Donc prenez votre courage à deux mains, rappelez le prospect qui vous a dit « Non » et posez-lui la question qui vous brûle les lèvres : pourquoi pas mon offre ? D'accord, pas si abruptement quand même ! Là on s'approche des bonnes vieilles méthodes du KGB… Mais si vous amenez en douceur vos questions, votre prospect vous répondra franchement, sans vous dire d'aller vous faire cuire un œuf. Lancez-vous avec une phrase neutre du type « Il est dommage que nous ne puissions pas travailler ensemble sur ce projet » pour lui montrer que vous n'allez pas tenter de le faire changer d'avis, puis demandez-lui comment vous pourriez améliorer vos produits, votre positionnement ou votre démarche commerciale. Vous verrez, c'est étonnant le pouvoir qu'ont ces questions sur votre prospect, elles délient les langues !

Le p'tit conseil du loser

Attention, entendre un prospect démonter tranquillement votre beau produit peut faire mal. Restez calme (dire froidement à votre interlocuteur qu'il n'a rien compris n'est pas non plus une option...) et surtout remerciez-le d'avoir pris le temps de vous donner son avis. Car cette démarche est gagnant-gagnant : vous pouvez vous améliorer grâce aux conseils glanés et votre prospect se sent flatté de voir son expertise prise en considération. En plus, vous laissez la porte ouverte à une prochaine discussion. Qui sait, la prochaine fois, c'est peut-être vous qu'il choisira !

À voir aussi

Lire les fiches n° 9, 24, 28, 30, 37, 49, 56, 57, 61, 62, 63, 64, 65, 66, 67, 68, 70, 85 et 89.

70

COMMENCEZ PAR PRODUIRE LES CONTRATS EN COURS, ON VERRA PLUS TARD POUR LA PROSPECTION

Quand on lance sa boîte, c'est déjà assez difficile d'honorer les contrats que l'on a en cours ; ce n'est sûrement pas le moment de se lancer dans la prospection et de se retrouver dans l'incapacité de gérer ce flux supplémentaire de travail. Donc on priorise : on finit d'abord le « sûr » et on attaquera le « peut-être » après.

Cette belle boulette permet d'introduire une notion essentielle pour l'entrepreneur-qui-ne-plante-pas-sa-boîte : l'an-ti-ci-pa-tion. La prospection, c'est ce qui apporte de futurs contrats ainsi que le chiffre d'affaires qui va avec. Il est donc essentiel de toujours prospecter… à moins que vous n'ayez envie de vous retrouver sans business dans trois mois ? Bref, même si vous êtes débordé, accordez le temps nécessaire à la prospection, ça vous sauvera la mise dans les mois à venir. Et surtout, intéressez-vous à votre taux de conversion prospect/client : ça vous donnera une idée de l'effort à déployer sur la part de prospection par rapport au reste de vos tâches.

Le p'tit conseil du loser

Prospection, proposition commerciale, relance, etc. Pas simple d'estimer où porter ses efforts en priorité... Heureusement, le suivi de vos affaires est là pour vous sauver la mise. Concrètement, ce dispositif modélise les différentes étapes de votre business. Il permet ainsi d'estimer le chiffre d'affaires prêt à être signé en fonction des volumes entrants et de la probabilité de réussite de chaque étape. De même, en remontant la chaîne à l'envers, on peut estimer le nombre de prospects à rencontrer ou de *leads* à générer pour atteindre les objectifs fixés. Facile !

À voir aussi

Lire les fiches n° 9, 24, 27, 28, 29, 30, 37, 49, 56, 57, 61, 62, 63, 64, 65, 66, 67, 68, 69, 73, 85, 88, 89 et 90.

71

NE DÉLÉGUEZ PAS TROP. APRÈS TOUT, VOUS ÊTES LE MEILLEUR ÉLÉMENT DE L'ÉQUIPE !

Cette boîte, vous l'avez créée seul. Ne vous voilez pas la face : à part vous, personne ne peut effectuer la plupart des tâches importantes. En plus, vous risquez de perdre le pouvoir en laissant les autres faire à votre place. Sans compter que transmettre toutes les infos nécessaires serait tellement long que vous ne gagneriez pas de temps. Bref, ne déléguez pas trop, c'est une fausse bonne idée.

C'est sûr que si vous avez le don d'ubiquité, vous allez vous en sortir. Sinon, c'est un aller simple pour l'asile de fous. Alors si vous voulez éviter les p'tites pilules rouges qui font du bien à la tête, dé-lé-guez ! Commencez par identifier les tâches qui peuvent être effectuées par les autres. Toutes celles qui n'entrent pas dans vos responsabilités et vos missions principales sont dans le viseur : vous avez l'embarras du choix. Ensuite, identifiez le collaborateur sur lequel vous appuyer pour chacune d'entre elles. Faites-le bien en amont, car déléguer au dernier moment sans avoir le temps d'effectuer une bonne passation du dossier, c'est frustrant pour tout le monde et inefficace en plus. Soyez stratège : ne déléguer que des tâches subalternes à un collaborateur expérimenté ne fonctionnera pas sur le long terme. Il faut que tout le monde y trouve son compte. Et enfin, le plus difficile : contrôlez sans fliquer !

Le p'tit conseil du loser

En attribuant une partie de vos tâches aux autres, vous vous libérez du « temps de cerveau disponible » pour être plus performant, notamment sur des questions stratégiques. Un bon boss, c'est avant tout un bon manager de talents, pas quelqu'un qui veut être le talent à tous les postes. Convaincu ?

À voir aussi

Lire les fiches n° 21, 31, 72, 73, 74, 75, 76, 77, 78, 79, 80, 81, 82, 83, 84, 85, 86, 87.

72

POUR UNE AMBIANCE ZEN, ADOPTEZ LA CULTURE DU CONSENSUS

Le management à l'ancienne, où le boss-tyran impose ses décisions – parfois déconnectées de la réalité du terrain – sans consulter ses collaborateurs, c'est heureusement fini. Place à l'ère du consensus général, qui permet d'instaurer une ambiance positive et une prise de décision collective dans laquelle tous les collaborateurs se retrouveront. Le leadership, c'est un concept ringard, tenez-vous-le pour dit.

Pour info, dans un monde normal, ça ne fonctionne pas comme cela, en tout cas pas exactement. L'absence de leader (oui, c'est un mot ringard, nous sommes d'accord, mais on n'en a pas trouvé d'autre) engendre généralement de l'immobilisme. Eh oui, les décisionnaires, les fondateurs de l'entreprise, s'ils sont à poids égal dans la décision finale, n'arrivent souvent pas à s'entendre à l'unanimité, en tout cas pas rapidement. Et lorsque l'on crée son entreprise, il faut savoir prendre des décisions sans tergiverser trois plombes. Il faut donc un leader pour trancher et faire avancer les choses. Alors effectivement, ce n'est pas très démocratique ni très glorieux pour la capacité de concertation de groupe, mais cela reste une réalité qu'il faut prendre en compte…

Le p'tit conseil du loser

Ne perdez pas foi en l'humanité ! En fonction du temps dont vous disposez avant de devoir prendre la décision finale, rien ne vous empêche de consulter vos collaborateurs, tout en signifiant que la décision finale appartient au leader, c'est-à-dire vous. Les choix effectués passeront bien mieux si vos collaborateurs sentent que leurs arguments ont été entendus et sont pris en considération. De même, expliquer, même brièvement, les raisons qui ont motivé votre choix peut mieux faire passer la pilule.

À voir aussi

Lire les fiches n° 21, 31, 71, 73, 74, 75, 76, 77, 78, 79, 80, 81, 82, 83, 84, 85, 86 et 87.

73

EN CAS DE COUP DE BLUES, CHERCHEZ DU RÉCONFORT AUPRÈS DE VOS SALARIÉS

Une entreprise, c'est un peu comme une grande famille où l'on se serre les coudes en cas de coup dur. Si vous avez un petit moment de blues, si vous doutez de la viabilité de votre projet et de votre capacité à le mener à bien, ne restez pas seul, parlez-en à vos collaborateurs. Ce sont eux les mieux placés pour comprendre vos interrogations et vous réconforter.

Ben voyons, pourquoi ne pas carrément aller pleurer sur leur épaule... En vous épanchant sur vos doutes existentiels auprès de vos collaborateurs, vous perdez toute crédibilité. Comment imposer vos choix si vous avez l'air perdu ? Comment donner envie à votre équipe de vous suivre si vous ne leur montrez pas votre vision ? Comment les encourager si vous avez l'air vous-même au bout du rouleau ? Soyons sérieux, ce n'est pas envisageable. Conclusion : restez pro en toutes circonstances. Si vous avez des doutes – et qui n'en n'aurait pas – parlez-en à des proches, à votre famille, mais jamais, au grand jamais, à vos employés.

Le p'tit conseil du loser

Méditez ce petit bijou de philosophie tiré de *Spiderman* : « Un grand pouvoir implique de grandes responsabilités. » Eh bien, dans votre boîte, c'est pareil ! Vous êtes le boss et devez tenir le rôle même quand vous avez le moral dans les chaussettes. Même si vous entretenez d'excellentes relations avec vos salariés (et c'est tant mieux, bravo), ne faites pas de confusion entre le privé et le professionnel, entre la relation d'amitié et la relation patron-employé. Ne quittez votre costume de patron qu'en passant la porte du bureau, pas avant !

À voir aussi

Lire les fiches nº 21, 27, 29, 31, 70, 71, 72, 74, 75, 76, 77, 78, 79, 80, 81, 82, 83, 84, 85, 86, 87, 88, 89 et 90.

74

RESTEZ À VOTRE POSTE QUAND VOUS ÊTES MALADE. SANS CELA, VOS EMPLOYÉS VOUS PRENDRONT POUR UNE GROSSE FEIGNASSE

Si vous restez au fond de votre lit en pyjama pilou à chaque fois que vous chopez la crève, vous donnez quelle image de vous à vos employés ? Celle d'une petite nature, feignasse sur les bords. Or le patron doit montrer l'exemple : prenez de l'aspirine et montrez-vous au bureau. Vous gagnerez leur respect et ils y réfléchiront à deux fois avant de se faire porter pâle pour un simple rhume.

Bouh, la vilaine crise de présentéisme ! C'est totalement ridicule de venir bosser quand on est un nid à microbes. D'abord parce que vous pourriez bien contaminer la moitié de vos collaborateurs avec vos jolis petits miasmes, ce qui signifierait presque la mise à l'arrêt de l'entreprise le temps que tout le monde guérisse. Ensuite parce que votre efficacité, lorsque vous êtes tout frissonnant, la goutte au nez, est proche de zéro. Non seulement vous ne servez à rien, mais en plus, vu l'état embrumé de votre cerveau, vous ralentissez les autres en leur communiquant des informations incomplètes, voire erronées. Pas très productif tout ça. Prenez du recul et restez chez vous le temps nécessaire. Vous reviendrez gonflé à bloc lorsque vous serez guéri, pas avant.

Le p'tit conseil du loser

Le présentéisme, celui du boss comme des employés, coûte très cher aux entreprises. Sentiment d'être indispensable, peur de la mauvaise image renvoyée, respect d'une échéance, les raisons qui poussent à venir au boulot alors qu'il serait plus judicieux de rester chez soi sont nombreuses. N'hésitez pas à montrer l'exemple pour lutter contre ce phénomène néfaste pour votre chiffre d'affaires !

À voir aussi

Lire les fiches n° 21, 31, 71, 72, 73, 75, 76, 77, 78, 79, 80, 81, 82, 83, 84, 85, 86 et 87.

75

VOS EMPLOYÉS ONT DU MAL À REMPLIR LEURS OBJECTIFS ? C'EST PAS VOTRE PROBLÈME. CHACUN SA CROIX, MON P'TIT POTE !

Si vous commencez à tendre votre mouchoir à vos employés à chaque fois qu'ils viennent pleurnicher sur votre épaule, vous n'allez pas vous en sortir. Laissez-les se débrouiller avec leurs problèmes, ça ne vous concerne pas. Et puis ils finiront bien par y arriver. Sinon, ce sera la porte et basta. Vous êtes le boss, pas mère Teresa.

Entre un sale con égoïste et un bénévole de SOS-détresse-amitié, il y a un peu de marge de manœuvre... Vous ne pouvez pas faire comme si les employés laissaient leurs problèmes au vestiaire en arrivant au bureau. Si vous constatez que l'un d'entre eux ne va pas bien depuis quelque temps, ne le laissez pas s'enfoncer seul dans son marasme. Son attitude finirait par mettre son travail en péril, et peut-être même déstabiliser l'organisation de votre entreprise. Montrez plutôt que vous êtes disponible pour lui prêter une oreille attentive et, le cas échéant, pour lui apporter votre soutien, surtout si ses problèmes sont liés au professionnel. Une relation fondée sur l'empathie et le respect est bien plus productive que la peur ancestrale du boss sans cœur. Bien sûr, n'allez pas le soumettre à un interrogatoire en règle ou l'attaquer crûment avec des questions qui relèvent de sa vie privée s'il n'en a pas envie !

Le p'tit conseil du loser

Pas facile de trouver le juste milieu entre l'intrusion et le manque d'intérêt... Vous pouvez mettre en place des canaux de communication un peu à part qui permettent aux langues de se délier, comme une boîte mail spéciale, ou instaurer un indicateur mensuel « 3 + et 3 – » (www.coulersaboite.com/75) où chacun peut partager ses ressentis personnels ou professionnels. Et tout simplement, rester proche de vos équipes en participant aux moments de la vie de la boîte comme les déjeuners ou les sorties. Être humain n'a jamais fait de mal à personne.

À voir aussi

Lire les fiches n° 21, 31, 71, 72, 73, 74, 76, 77, 78, 79, 80, 81, 82, 83, 84, 85, 86 et 87.

76

INSTALLEZ TRÈS RAPIDEMENT UNE POINTEUSE OU UN TRACKER INTERNET POUR VÉRIFIER QUE VOS EMPLOYÉS NE SONT PAS DES TIRE-AU-FLANC

Vous ne pouvez pas savoir si vos employés sont sérieux ou glandeurs rien qu'en passant devant leur poste de travail. Afin d'en avoir le cœur net, installez une pointeuse qui vous permettra de contrôler leur temps de présence. Installez aussi un tracker Internet, car ce n'est pas parce qu'ils sont présents qu'ils ne glandent pas sur Facebook au lieu de travailler. Ainsi, vous pourrez remonter les bretelles des tire-au-flanc et donner des directives claires pour chaque tâche à effectuer.

Ça, c'est un management digne du siècle dernier. Vous savez, l'époque où la hiérarchie était si lourde qu'aucune initiative n'était envisageable, où les employés n'avaient pas de visibilité sur le projet global de l'entreprise et étaient totalement déresponsabilisés, en plus d'être fliqués. Pas terrible pour l'implication de vos collaborateurs, tout ça… Et si vous passiez au management libertaire ? Pas de panique, libertaire ne signifie pas anarchique. Il s'agit plutôt de permettre à vos employés de s'épanouir au sein d'un cadre clairement défini. En gros, vos directives se cantonnent aux grandes lignes des tâches à accomplir. Déterminer le chemin pour les effectuer relève des prérogatives du collaborateur. C'est quand même plus gratifiant et motivant pour lui. Et vous y gagnez aussi, puisque vous pouvez déléguer en confiance tout en conservant la maîtrise générale.

Le p'tit conseil du loser

Sus au management de grand-papa ! Pour vous donner des idées, jetez un œil à Liberté & Cie : Quand la liberté des salariés fait le succès des entreprises, *d'Isaac Getz et de Brian M. Carney (Clé des Champs, 2016). Il vous aidera à optimiser votre temps et celui de vos employés.*

À voir aussi

Lire les fiches nº 21, 31, 71, 72, 73, 74, 75, 77, 78, 79, 80, 81, 82, 83, 84, 85, 86 et 87.

77

NE RÉCOMPENSEZ JAMAIS VOS COLLABORATEURS... ILS POURRAIENT SE REPOSER SUR LEURS LAURIERS !

Féliciter un employé, c'est bien joli, mais après, il risque de prendre la grosse tête et de se mettre à glandouiller toute la journée... Bien faire son travail, c'est juste normal, ça ne nécessite pas une médaille. Bref, vous n'avez rien à gagner à jouer les sympas. Après tout, c'est vous le boss, b... !

Le manque de reconnaissance constitue un frein énorme à l'efficacité au travail. Si vos employés ne se sentent pas reconnus ni valorisés, leur « gnaque » risque d'en prendre un coup, et votre chiffre d'affaires aussi. La reconnaissance n'est pas forcément liée à l'argent : cela peut – et doit avant tout – passer par quelques phrases bien senties qui montrent que vous êtes sensible à l'implication de votre collaborateur. D'abord, apprenez à remercier (c'est votre maman qui va être fière, elle ne vous aura pas rabâché pour rien de dire « Merci » à la dame !). C'est tout bête, mais dans l'urgence, cette reconnaissance de base est parfois négligée. Ensuite, montrez que vous avez conscience des efforts qui ont été fournis (pour tenir des délais impossibles, obtenir des résultats exceptionnels, rattraper un dossier mal parti, etc.). C'est essentiel pour maintenir la motivation de votre équipe.

Le p'tit conseil du loser

Tout manager qui se respecte devrait être capable de prononcer un compliment qui fait mouche de temps à autre. Mais vous pouvez aussi mettre en place des récompenses matérielles : un séminaire sympa, un *team building* ludique, ou tout simplement un petit déjeuner pour célébrer une réussite collective (signature d'un gros contrat, réussite d'un projet important, etc.) sont autant de « preuves » pour vos collaborateurs que vous êtes satisfait de leur travail.

À voir aussi

Lire les fiches n° 21, 31, 71, 72, 73, 74, 75, 76, 78, 79, 80, 81, 82, 83, 84, 85, 86 et 87.

78

Y A PAS DE MAL À SE FAIRE PLAISIR AU BOULOT

Quand vous l'avez recruté(e), vous aviez déjà remarqué que votre collaborateur(trice) était plutôt agréable à regarder... Ça, c'était au début. Maintenant, vous trouvez qu'il/elle est carrément canon, genre irrésistible comme un éclair au chocolat à l'heure du goûter. Alors allez-y, craquez pour un petit quatre heures, il n'y a pas de mal à se faire du bien, que ce soit au boulot ou ailleurs ;-)

Ne jamais, au grand jamais mélanger travail et vie personnelle, ça vous dit quelque chose ? Eh bien c'est le moment de mettre ce grand principe en pratique. Sortir avec un(e) collègue, ce n'est pas forcément dramatique en soi, même si ce n'est pas idéal. En revanche, cela devient très compliqué à gérer en cas de rapport hiérarchique. Vous vous exposez à plusieurs risques : tout d'abord, que la flamme s'éteigne rapidement et que vos rapports se dégradent jusqu'à arriver au point de non-retour, avec départ du (ou de la) salarié(e). Dommage de perdre un(e) collaborateur(trice) de qualité pour une simple aventure, non ? Et puis vous vous mettez dans une situation vulnérable : vous risquez aussi d'être accusé(e) de harcèlement sexuel, si la passion n'est pas réciproque ou s'est mal terminée. Et enfin, si Radio Moquette fonctionne, vous perdrez toute crédibilité auprès de vos collaborateurs. Bref, les relations amoureuses au travail sont à fuir comme la peste et le choléra réunis.

Le p'tit conseil du loser

Si vous avez trouvé l'âme sœur et que les sentiments sont réciproques, ne tournez pas les talons non plus… Cependant, soyez très circonspect. Car vous serez scruté par tous les collaborateurs, qui seront tentés de penser que vos décisions sont influencées par votre penchant amoureux. Donc pas de geste tendre en public, ne vous enfermez pas trois heures dans votre bureau avec l'objet de votre affection, même si c'est pour réellement travailler, pas de discussions personnelles au bureau, et évidemment, pas de favoritisme !

À voir aussi

Lire les fiches n° 21, 23, 31, 71, 72, 73, 74, 75, 76, 77, 78, 79, 80, 81, 82, 83, 84, 85, 86, 87, 91, 92, 93, 94, 95, 96, 97, 98, 99 et 100.

79

BLOQUEZ YOUTUBE, FACEBOOK ET TOUS LES SITES QUI POURRAIENT DÉCONCENTRER VOS COLLABORATEURS

D'après une étude de 2015[1], 64 % des entreprises françaises ont décidé de bloquer l'accès de leurs collaborateurs aux réseaux sociaux. YouTube, Facebook, Twitter et les autres participent grandement à la déconcentration et grignotent, à coup de cinq minutes par-ci par-là, la productivité d'une entreprise. Alors n'hésitez pas ! Même si c'est mal vu, bloquez-nous tout ça.

Sinon, vous pouvez aussi les faire travailler sur des machines à écrire et utiliser des pigeons voyageurs pour envoyer le courrier... En allant à l'encontre du 2.0, vous ne ferez qu'écorner l'image de vos méthodes de management et mettre des bâtons dans les roues de votre entreprise. D'abord, l'interdiction ne serait que théorique : si un employé veut se rendre sur Facebook ou YouTube, il le fera, que ce soit en utilisant son smartphone ou en contournant vos blocages (le Web fourmille de tutos qui expliquent comment s'y prendre). En plus, ça laisserait entendre que vous ne comprenez rien aux usages professionnels importants qu'offrent les réseaux sociaux. En gros, vous passeriez pour un abruti doublé d'un tyran.

1. Étude de Kaspersky Lab, éditeur d'antivirus, menée auprès de mille trois cents dirigeants d'entreprises dans onze pays.

Le p'tit conseil du loser

Les réseaux sociaux ne sont pas un simple temps de pause pour vos collaborateurs. Ce sont également des vecteurs importants pour dénicher des talents, faire parler de l'entreprise, valoriser vos produits et services ou encore résoudre des problèmes professionnels. Ils permettent même de faciliter la communication entre les services. Au lieu de les combattre, intégrez-les dans votre communication globale, vous y gagnerez en productivité et en chiffre d'affaires.

Des outils comme ByPath (www.coulersaboite.com/79A) ou Datananas (www.coulersaboite.com/79B) vous permettront d'utiliser les réseaux sociaux en véritables alliés de votre croissance d'entreprise !

À voir aussi

Lire les fiches n° 21, 31, 71, 72, 73, 74, 75, 76, 77, 78, 80, 81, 82, 83, 84, 85, 86 et 87.

C'EST DU VÉCU
NE PERDEZ PAS DE VUE VOTRE OBJECTIF : « RENTRER » DU CHIFFRE D'AFFAIRES !

Grégor Ozbolt, machine à concours repenti sur un nouveau projet entrepreneurial

En 2014, j'ai créé NGO-Aménagement, une start-up qui proposait des solutions de diagnostic et d'aménagement sur un positionnement novateur du logement des seniors en situation de dépendance. Le projet a commencé très fort. Tous les acteurs historiques ainsi que les potentiels clients que nous avons rencontrés nous félicitaient pour la pertinence de notre idée ; nous avions un bon réseau de prescripteurs du milieu de la santé et du service. Nous avons remporté un certain nombre de concours, les chiffres sur la démographie et le développement de la loi autonomie allaient dans notre sens... Bref, tous les voyants étaient au vert. La plupart des gens nous tapaient dans le dos en disant que notre idée était excellente, que ça allait décoller très rapidement, que nous n'allions avoir aucun problème. Nous étions sur notre petit nuage. Quelques mois plus tard, lorsque nous avons commencé à regarder de près nos chiffres, nous nous sommes rendu compte que nous étions connus et reconnus, mais que notre chiffre d'affaires était loin d'être suffisant. Nous nous étions réveillés trop tard, coincés sur notre marché... et avons dû mettre la clé sous la porte.

J'en retiens un élément essentiel que j'appliquerai lors de mes prochaines entreprises : cherchez immédiatement à « rentrer » votre premier euro de chiffre d'affaires. Trouver ses premiers clients ne se fait pas en cinq minutes. Même si vous avez un peu de fonds propres ou levé des fonds et pensez avoir un peu de temps devant vous, n'attendez pas. Car ça passe très vite. Il serait dommage d'échouer parce que vous n'avez pas consacré assez de temps et d'énergie au commercial.

Faites aussi attention à ce que nous appelons le « syndrome Paris Match ». Tout le monde le lit, mais personne ne l'achète. En gros, tout le monde vous dit que votre idée est géniale, mais personne n'est prêt à y mettre un centime. Eh oui, ce n'est pas parce que votre discours plaît et que vous remportez des concours que vous aurez effectivement des clients qui paient. Pour savoir si votre projet est réellement viable, il faut se confronter au marché, aller au contact de vos clients effectifs, de ceux qui sont vraiment prêts à vous payer. Ne vous laissez pas éblouir par la valorisation des concours et des commentaires élogieux, ils ne vous rapportent pas de cash !

80

INSTALLEZ UNE MACHINE À CAFÉ PAYANTE. IL N'Y A PAS DE PETITES ÉCONOMIES !

La pause-café, on sait ce que c'est : l'accumulation de moments de glande aux frais de la princesse (en l'occurrence, vous). Et la robe à crinoline, ce n'est pas votre truc. Donc installez une machine à café payante, ça refroidira les ardeurs des acharnés de la pause et vous ferez des économies substantielles. En plus, vous pouvez argumenter que vous prenez soin de leur santé : le café à haute dose, c'est mauvais pour le cœur.

Vous la voyez, votre machine impersonnelle identique à celles des halls d'aéroport, coincée dans un couloir ? Ça évoque un lieu pénible dans lequel on n'a pas envie de démarrer la journée, et croyez-nous, ce n'est pas l'image que vous voulez véhiculer de votre entreprise à vos collaborateurs, car ce n'est pas bon du tout pour leur motivation. Alors qu'au contraire, si vous mettez à leur disposition une super-machine et un excellent café, vos employés seront contents de déguster leur premier petit noir de la journée. Leur envie de venir au bureau n'en sera que plus grande !

Le p'tit conseil du loser

Si vous avez encore besoin d'être convaincu, voici l'argument massue : c'est souvent dans les moments *off*, en échangeant sur des sujets différents entre collègues, que naissent les plus belles innovations. Pourquoi ne pas créer un espace chaleureux dédié à la pause-café ? En favorisant ces moments de convivialité, de discussion plus informelle, vous améliorez les relations entre collaborateurs et augmentez la créativité et la cohésion du groupe.

On vous recommande les machines à café avec broyeur de café en grains, plus écologiques que « What Else? », plus économiques aussi… Et vous pouvez choisir votre café préféré !

À voir aussi

Lire les fiches n° 1, 6, 10, 19, 21, 23, 24, 25, 28, 31, 42, 43, 44, 45, 46, 47, 48, 49, 50, 51, 52, 53, 54, 55, 67, 71, 72, 73, 74, 75, 76, 77, 78, 79, 81, 82, 83, 84, 85, 86, 87, 91 et 92.

81

QUAND VOUS AVEZ DES DOUTES SUR UN COLLABORATEUR EN PÉRIODE D'ESSAI, PESEZ LE POUR ET LE CONTRE ET GARDEZ-LE PARCE QU'IL EST SYMPA

Quand un salarié est en période d'essai, il se sent scruté du matin au soir. Difficile, dans cette ambiance, de donner le meilleur de soi. Donc pendant cette période, si vous avez des doutes sur les capacités de votre collaborateur à tenir son poste, ne prenez pas de décision trop vite. S'il est sympathique, gardez-le, vous aurez la possibilité de décider plus tard, quand le stress du début sera retombé.

La période d'essai, c'est une chance pour l'employeur et l'employé de tester grandeur nature si la collaboration peut fonctionner. Ce n'est vraiment pas le moment de se laisser attendrir par la sympathie que peut vous inspirer votre employé. Car pendant cette période, vous devez évaluer si ses compétences et son savoir être correspondent à vos attentes. Bien sûr, s'il est sympa, c'est encore mieux. Mais n'attendez pas que la période d'essai se termine pour prendre votre décision, vous perdriez tous les avantages dont elle peut vous faire bénéficier. En effet, si une rupture de contrat pendant la période d'essai est simple pour les deux parties (vous n'avez pas à justifier légalement votre décision, elle ne coûte rien et le préavis est raisonnable), une fois terminée, c'est une autre limonade…

Le p'tit conseil du loser

Pour les grands indécis, sachez qu'il est possible de renouveler une période d'essai une fois, d'une durée équivalente à la première (à vérifier selon votre convention collective tout de même). Mais si, à la fin de la seconde période, vous avez encore un doute, c'est qu'il n'y a pas de doute ! Ne prenez pas de risque inutile. Si vous n'êtes pas sûr de votre choix, il est plus raisonnable d'arrêter la collaboration à ce stade, sans casse. Et n'oubliez pas que votre employé aussi peut avoir des doutes ! Sachez les entendre.

À voir aussi

Lire les fiches n° 21, 31, 71, 72, 73, 74, 75, 76, 77, 78, 79, 80, 82, 83, 84, 85, 86 et 87.

82

PROPOSEZ À VOS PREMIERS COLLABORATEURS UN CONTRAT D'AUTO-ENTREPRENEUR PLUTÔT QU'UN CDI

Vous avez repéré un talent que vous voudriez faire entrer dans votre équipe, mais n'avez pas les moyens pour embaucher... Sans compter qu'un CDI, c'est pire qu'un mariage, vous vous retrouveriez pieds et poings liés si ça tournait mal. Pourquoi ne pas lui proposer de devenir auto-entrepreneur ? Bien sûr, ce n'est pas très légal, mais tout le monde le fait. Pas de paperasse, en une demi-heure, le statut est effectif. Pas de lien indéfectible, vous pouvez arrêter la collaboration du jour au lendemain. Et pas de charges, elles sont supportées par l'auto-entrepreneur. C'est tout bénéf' !

Non ! Commencer l'aventure de l'entrepreneuriat en filoutant le système ne serait pas glorieux... Ne tombez pas dans ce genre de travers. En plus, avec un contrat de mission d'auto-entrepreneur, vous n'envoyez pas de bons signaux à vos collaborateurs : vous les installez dans une situation précaire (pas d'indemnité de licenciement, pas d'indemnités journalières en cas de maladie, pas d'allocation-chômage, etc.). Comment pourriez-vous leur demander de vous faire confiance, de s'engager pleinement dans l'aventure et sur le long terme ? Vous pourrez créer ce type de relation avec un CDI, certainement pas avec un bidouillage de bas étage.

Enfin, vous prenez le risque que votre collaborateur saisisse les prud'hommes pour demander une requalification de son contrat de mission en contrat de travail. Cela vous coûterait bien plus cher qu'embaucher en CDI... Car si vous êtes son seul client, si vous lui imposez un lien de subordination (contraintes horaires par exemple) ou encore lui fournissez du matériel (PC, véhicule, uniforme, etc.), votre auto-entrepreneur est automatiquement considéré comme un salarié aux yeux de l'Urssaf !

Le p'tit conseil du loser

Le salariat déguisé – appelons un chat un chat – est puni par la loi. Un employeur risque une condamnation pour délit de travail dissimulé ou salariat déguisé en sous-déclaration. Il encourt jusqu'à trois ans de prison et 45 000 € d'amende. Alors, on le signe, ce CDI ?

Ce super Pdf résume les caractéristiques du salariat déguisé : www.couler-saboite.com/82

À voir aussi

Lire les fiches n° 1, 8, 12, 21, 25, 31, 56, 57, 58, 59, 60, 71, 72, 73, 74, 75, 76, 77, 78, 79, 80, 81, 83, 84, 85, 86 et 87.

83

PRENEZ PLEIN DE STAGIAIRES QUI FERONT LE BOULOT À VOTRE PLACE

C'est un euphémisme, en cette période de création d'entreprise, vous ne roulez pas sur l'or, alors il faut la jouer serré... Pourtant, les demandes affluent, il y a une montagne de choses à faire en peu de temps. C'est clair, vous avez besoin de main-d'œuvre. La solution est toute trouvée : embauchez des stagiaires. Ils ne coûtent pas cher, il y en a à la pelle et si ça ne colle pas, vous pouvez arrêter la collaboration. Foncez !

Certes, au premier abord, faire appel à des stagiaires semble être le bon plan : pas ou peu de salaires, pas de charges sociales, peu de formalités. Pourtant, si vous creusez un minimum la question, vous vous apercevrez que la donne est tout autre. Temps de formation important à leur consacrer, temps de vérification des tâches, durée de présence courte, etc. Ces coûts cachés inhérents aux stagiaires plombent sérieusement votre budget. Sans compter les risques de perte de crédibilité auprès de vos partenaires et clients en cas de grosse erreur ou de manquement aux usages des relations professionnelles. Car souvenez-vous, une première expérience de travail, ce n'est pas facile... Alors si vous les jetez dans le grand bain sans bouée, ça peut faire des vagues !

Le p'tit conseil du loser

Si la mission à accomplir est urgente et centrale pour votre business, ne la confiez pas à un stagiaire. Cela étant dit, si vous cherchez quelqu'un pour gérer un projet non essentiel bien défini, qui apporterait un « plus », mais qui consommerait beaucoup de temps à l'un de vos collaborateurs, c'est le moment. Dans ce cas, et dans ce cas seulement, recrutez un stagiaire, avec un entretien et une fiche de mission bien pensée, sans oublier d'être là pour l'épauler et le former (c'est la contrepartie minimum) ! Peut-être tomberez-vous sur la perle rare qui vous fera réfléchir à une future embauche !

À voir aussi

Lire les fiches n° 11, 21, 24, 26, 27, 29, 30, 31, 38, 46, 55, 59, 62, 71, 72, 73, 74, 75, 76, 77, 78, 79, 80, 81, 82, 84, 85, 86 et 87.

84

MULTIPLIEZ LES RÉUNIONS, C'EST TOUJOURS BIEN D'ÉCHANGER SUR UN SUJET

Les réunions sont d'excellents moyens pour échanger efficacement sur des sujets essentiels. N'hésitez pas à en programmer très régulièrement, ce n'est jamais du temps de perdu, au bout de quelques heures, il en ressort toujours des éléments productifs pour votre entreprise !

Vous organisez des réunions pour tout, y compris déterminer la couleur des poubelles, chacune d'entre elles dure très (trop) longtemps, il n'y a pas de prise de décision concrète, les dialogues de sourds s'enchaînent. Nous le savons, c'est un diagnostic cruel. Mais rassurez-vous, si vous faites preuve de beaucoup de volonté, ça se soigne très bien ! Commencez par intégrer cette notion simple : une réunion ne doit être programmée que si elle est absolument nécessaire. C'est tout bête, mais parfois un simple échange téléphonique ou même quelques mails peuvent la remplacer. Elles doivent également être cadrées, se dérouler dans un endroit calme (faites une croix sur les réunions au pub d'en face) et ne regrouper que les personnes qui sont réellement concernées par l'ordre du jour. Enfin, une réunion qui s'achève sans répartition des tâches ni mission à moyen terme ne sert à rien, rappelez-vous-en.

Le p'tit conseil du loser

Définissez à l'avance la durée de la réunion (vingt minutes, par exemple) ainsi que son objet précis. Vous pouvez également proposer de la tenir debout : tout le monde aura envie qu'elle se termine vite, efficacité garantie. Et si vous êtes d'humeur taquine, instaurez l'usage de la « boîte à meuh », très pratique pour faire savoir – tout en finesse – à l'orateur du moment qu'il est trop loquace !

Pour partager ces bonnes pratiques avec vos collègues, voici le manifeste pour des réunions efficaces à imprimer ici : www.coulersaboite.com/84

À voir aussi

Lire les fiches n° 21, 31, 71, 72, 73, 74, 75, 76, 77, 78, 79, 80, 81, 82, 83, 85, 86 et 87.

85

ENVOYEZ VOS STAGIAIRES POUR TENIR VOTRE STAND SUR LES SALONS

Les salons, c'est bien mignon, mais faire le beau avec votre badge scotché sur la poitrine huit heures par jour, ce n'est pas ce qui va faire avancer le schmilblick. Alors envoyez vos stagiaires (s'ils sont dégourdis, bien sûr) faire les relations publiques pour vous. S'ils décrochent quelques cartes de visite intéressantes, il sera temps de prendre le relais, mais pas avant. On priorise, souvenez-vous-en !

C'est au fondateur de montrer l'exemple et d'être présent sur le stand, depuis la phase de montage jusqu'au démontage final. C'est vous qui avez créé cette boîte, c'est vous que les gens ont envie de voir, d'entendre raconter votre histoire. Dans un salon, il y a tellement de stands que si vous n'êtes pas présent pour faire la différence, votre boîte passera totalement inaperçue. Autant ne pas faire de salon du tout… N'oubliez pas qu'il faut que vous soyez présent pour déterminer les éléments de langage et le pitch qui accrochera les passants, qui leur donnera envie de s'arrêter chez vous, et pas chez quelqu'un d'autre.

Le p'tit conseil du loser

Dans un salon, vous êtes loin d'être tout seul. Alors tous les moyens sont bons pour se faire remarquer de clients potentiels, des journalistes et des investisseurs. Nous vous conseillons de mettre le paquet sur le marketing, autant qu'en coût de stand. Foncez sur les « goodies », que ce soient les peluches, les mugs ou les clés USB. Pourquoi ne pas carrément investir dans une mascotte grandeur nature ? Et si quelqu'un doit se glisser dans le costume du lapin, canard ou renard de votre boîte, c'est vous qui vous y collerez ! Vous incarnez l'entreprise, non ?

À voir aussi

Lire les fiches n° 7, 9, 13, 17, 21, 24, 28, 30, 31, 33, 34, 35, 36, 37, 38, 39, 40, 41, 42, 49, 56, 57, 61, 62, 63, 64, 65, 66, 67, 68, 69, 70, 71, 72, 73, 74, 75, 76, 77, 78, 79, 80, 81, 82, 83, 84, 86, 87, 88 et 89.

86

LES ENTRETIENS ANNUELS ? INUTILES DANS MA START-UP !

Si vous avez créé votre start-up, c'est en partie par allergie aux grosses boîtes, à leur lourdeur et à leur système ringard de gestion du personnel. Alors vous n'allez sûrement pas tomber dans le panneau des entretiens annuels, la tarte à la crème des mauvais managers. Vos collaborateurs, vous les côtoyez tous les jours, en vrai. La communication, c'est au quotidien, pas une fois par an pour se donner bonne conscience !

Il va falloir vous plier à la corvée, navrés de vous décevoir. D'accord, les entretiens annuels, ça prend du temps, ça a un parfum d'épaulettes et de minivague des années 1980, mais on n'a pas encore trouvé mieux pour faire le point avec vos collaborateurs ! Ils vous permettent de dresser un état des lieux des compétences et des performances de vos employés, de leur donner des clés pour progresser. Du côté des collaborateurs, c'est un espace de parole ouvert dans lequel ils peuvent exprimer leurs souhaits en termes d'évolution, de formation, etc. C'est forcément plus facile pour eux de le faire à ce moment-là, lorsque c'est attendu et prévu, plutôt que d'amener le sujet sur le tapis pendant la pause-café. Et enfin, point non négligeable, cela permet de fixer le moment des discussions d'évolution salariale. Pratique pour ne pas être harcelé le reste de l'année par des demandes d'augmentation, non ?

Le p'tit conseil du loser

Bon, on ne va pas non plus ériger une statue en hommage aux entretiens annuels. C'est utile, oui, mais ça ne suffit pas. Laissez votre porte ouverte aux discussions informelles tout le reste de l'année, soyez disponible pour échanger avec vos collaborateurs. C'est ainsi que vous aurez une meilleure cohésion d'équipe et une meilleure capacité à manager les compétences et les souhaits de chacun. Par ailleurs, il n'est pas nécessaire d'attendre le grand jour si vous devez mettre les choses à plat : une baisse d'activité, les inquiétudes d'un collaborateur, un comportement inadapté ou même des félicitations à donner peuvent être l'occasion de faire un petit entretien intermédiaire qui sera bénéfique à tous !

À voir aussi

Lire les fiches n° 21, 31, 71, 72, 73, 74, 75, 76, 77, 78, 79, 80, 81, 82, 83, 84, 85 et 87.

87

MENTEZ À VOS COLLABORATEURS SUR LA SITUATION DÉLICATE DE VOTRE START-UP POUR LES GARDER MOTIVÉS

Si votre boîte n'est pas au mieux de sa forme, gardez-le pour vous. Vos collaborateurs n'ont pas à le savoir, ça n'aurait que des impacts négatifs sur eux, que ce soit pour leur moral ou pour leur motivation professionnelle. Et au pire, ils pourraient paniquer et vous laisser tomber, ce qui aurait pour conséquence à peu près certaine la mort de votre entreprise. Vous l'avez compris, la meilleure solution pour que les rats ne quittent pas le navire, c'est de faire croire que la mer est belle.

Bouh, mentir, ce n'est pas beau ! Et si les chiffres des ventes ne sont pas au top, si le produit que vous commercialisez n'a pas de bons « retours » ou ne fonctionne pas comme il le devrait, soyez-en sûr, vos collaborateurs s'en rendront compte. Ils travaillent sur le même projet que vous, vous vous souvenez ? En leur jouant un bel air de pipeau, vous perdriez toute crédibilité. Alors au contraire, jouez la franchise, l'honnête, le factuel. Tenez-les au courant de la situation, tout en restant sobre et en limitant les détails dramatiques. C'est ainsi que vous avez le plus de chances d'obtenir que tout le monde se serre les coudes pendant la tempête. Si vous faites l'autruche, c'est l'inverse que vous risquez de provoquer : démotivation et démissions à la chaîne.

Le p'tit conseil du loser

Ne confondez pas « tenir au courant sobrement » et « s'épancher bruyamment sur leur épaule ». Vos collaborateurs ne sont pas là pour tenir votre mouchoir ou vous réconforter quand vous perdez en motivation. Gardez en tête que c'est vous le manager. Si vous avez des états d'âme, c'est auprès de vos proches qu'il faut les étaler, mais jamais auprès de vos employés !

À voir aussi

Lire les fiches n° 21, 31, 71, 72, 73, 74, 75, 76, 77, 78, 79, 80, 81, 82, 83, 84, 85 et 86.

88

RÉALISEZ D'ABORD VOTRE PRODUIT, VOUS VERREZ ENSUITE LES QUESTIONS D'ERGONOMIE

Hourra, votre site Web est quasi terminé ! Il reste à en améliorer l'ergonomie, car pour le moment, il n'est pas très fonctionnel. Eh oui, votre développeur, pourtant réputé excellent, n'a pas bien fait le job : ce n'était quand même pas à vous de lui souffler comment se mettre à la place de l'utilisateur, mais bien à lui de vous proposer des solutions dans ce sens, non ? Enfin, l'essentiel est là, votre site fonctionne. Le reste, c'est du détail.

Non, être un excellent développeur n'implique jamais d'être spécialiste en ergonomie (qui, rappelons-le, n'est en aucun cas un détail). Ce sont des compétences totalement décorrélées. Et quand bien même il pourrait faire des miracles en ce sens, encore faudrait-il que vous (oui, oui, vous) lui ayez clairement exprimé les différents chemins d'utilisation de votre produit. Bref, toutes ces questions essentielles d'usage du produit sont à travailler par l'équipe métier avant le développement, car repenser l'interface utilisateur en postproduction, c'est un gouffre financier, en plus d'une perte de temps.

Le p'tit conseil du loser

L'ergonomie, ce n'est pas simplement le choix des couleurs ou des polices de caractères, c'est aussi – et surtout – la simplification de l'expérience utilisateur, essentielle pour qu'il adopte votre produit. Elle doit donc être au cœur de votre projet, et ceci dès le début. Faites-vous conseiller par un designer/ergonome qui travaillera avec vous sur la meilleure façon de présenter les usages à l'utilisateur final. C'est cette maquette (papier + crayon, ça fonctionne très bien aussi) que vous soumettrez à votre développeur. Celui-ci sera ravi de ne pas perdre de temps – et donc votre argent – à se demander comment organiser les pages et où poser les boutons !

Vous pouvez aussi tester différentes versions de votre site avec des solutions comme AB Tasty (www.coulersaboite.com/88) pour identifier la version qui vous rapportera le plus de chiffres d'affaires !

À voir aussi

Lire les fiches n° 7, 13, 17, 27, 29, 33, 34, 35, 36, 37, 38, 39, 40, 41, 42, 61, 70, 73, 85, 89 et 90.

89

NE VOUS ENCOMBREZ PAS D'UN SAV AU DÉBUT : ÇA PREND BEAUCOUP DE TEMPS ET C'EST LOIN D'ÊTRE UTILE QUAND ON A PEU DE CLIENTS

Lorsque l'on en est à la phase de recrutement des premiers clients, se lancer dans la mise en place – forcément complexe – d'un SAV n'est franchement pas une priorité. D'autant qu'au début, vous n'en avez pas beaucoup, des clients. Alors mettre en place des process pour si peu, c'est prendre le risque de vous noyer dans un verre d'eau. Attendez donc d'avoir un beau portefeuille clients pour vous y consacrer. Avant, c'est une perte de temps et d'argent.

Sachez-le : l'image de votre entreprise dépend énormément du ressenti de vos clients. Un client mécontent passe beaucoup de temps à le faire savoir, bien plus qu'un client satisfait ne vante vos services. À l'inverse, si votre SAV tient la route, vos clients seront confortés dans leur choix de produit ou de service et seront vos meilleurs commerciaux (gratuits, en plus). N'oubliez pas non plus qu'en phase de tâtonnement, il est toujours hyper-utile d'avoir des retours d'utilisateurs : vous pourrez mieux « sentir » votre business et mieux coller aux attentes de votre clientèle. Bref, un bon SAV permet de détecter des opportunités de vente et de récolter des suggestions d'amélioration de vos produits. Et puis, petit « plus », un bon SAV vous aidera à vous démarquer de la concurrence, c'est toujours utile !

Le p'tit conseil du loser

Procurez-vous une solution de SAV – ou de gestion de tickets – qui vous aidera à centraliser toutes les informations dont vous disposez sur vos clients, leur historique, etc. Ainsi, vous serez à même de leur proposer des solutions sans qu'ils aient à rabâcher leur problème à chaque prise de contact. Vous leur donnez l'impression d'être plus qu'un simple numéro, et ça, ça n'a pas de prix !

Des logiciels (payants) vous permettront de mieux gérer votre SAV, comme Zendesk (www.coulersaboite.com/89A) ou Intercom (www.coulersaboite.com/89B). Pour aller plus loin sur le sujet, Helpscout publie d'excellents articles (en anglais) sur le support clients et le SAV : www.coulersaboite.com/89C

À voir aussi

Lire les fiches n° 9, 24, 27, 28, 29, 30, 37, 49, 56, 57, 61, 62, 63, 64, 65, 66, 67, 68, 69, 70, 73, 85, 88 et 90.

C'EST DU VÉCU
ATTENTION, EN ASSOCIATION, L'AMITIÉ N'EST PAS UN GAGE DE RÉUSSITE !

Guilhem Bertholet, P-DG d'Invox, agence de content marketing

C'est l'envie de m'associer avec un ami proche qui a été le point de départ de la création de notre start-up. Une fois l'association décidée, nous avons passé deux mois à choisir sur quoi nous lancer. Les logiciels SaaS étaient de plus en plus nombreux, les entreprises ne savaient pas lesquels choisir, comment les utiliser ni gérer la facturation, bref, le marché était porteur. C'est ainsi qu'est né WeLoveSaaS, dont le but était d'accompagner les entreprises qui souhaitaient passer aux logiciels SaaS. En gros, nous les aidions à concevoir leur propre *app store*, avec une liste de logiciels que les collaborateurs pouvaient utiliser en interne.

Nous avions déterminé que notre cœur de cible était les toutes petites PME de moins de quinze personnes. Le logiciel a donc été développé dans ce sens. Mais très vite, en plus de nous rendre compte que notre logiciel n'était pas très bon – ça, en version démo, ce n'est pas forcément dramatique – nous avons compris que nous nous étions complètement trompés de cible. Il fallait viser de grosses entreprises avec un DSI ou un directeur informatique qui avait le temps et l'envie de s'intéresser à notre proposition. Donc rétropédalage, adaptation du concept et énorme perte de temps à la clé… Et même une fois le recadrage effectué, nous n'avons jamais trouvé notre rythme de croisière.

Parallèlement, les difficultés avec mon associé sont allées crescendo. Ni lui ni moi n'avions pris le temps de nous parler clairement, d'aller au fond des choses.

Finalement, entre les difficultés du projet et l'accumulation des petites frustrations et les rancœurs, ça a fini par devenir intenable. J'ai donc décidé de débrancher la prise. Nous nous sommes séparés là-dessus ; cela fait quatre ans que nous ne nous parlons plus…

Partir sans idée, mais avec un associé au profil complémentaire, ce n'est pas un problème. Là où les choses peuvent sérieusement se compliquer, c'est lorsque l'association n'est pas suffisamment réfléchie et cadrée. Être amis, ce n'est en aucun cas une garantie suffisante, au contraire, même, car on se croit plus fort que les autres. Bref, prenez le temps de faire le point pour vous dire ce que vous attendez vraiment du projet, ce que vous pensez pouvoir y apporter, ce que vous attendez de l'autre, comment vous souhaitez que les décisions soient prises, et couchez tout cela par écrit. C'est la seule manière de désamorcer les bombes avant qu'elles ne vous explosent à la figure !

90

LAISSEZ FAIRE LES FREE-LANCES : ILS CONNAISSENT LEUR MÉTIER

Lorsque l'on monte sa boîte, il faut savoir prioriser ses actions, donc déléguer. Et quand on manque cruellement de cash pour embaucher, le plus simple, c'est de faire travailler des free-lances. Une fois l'ordre de mission donné, ne vous mêlez pas de l'avancée de leur travail, attendez qu'ils reviennent vers vous. Ils connaissent leur métier, vous ne feriez que perdre du temps – le vôtre et le leur. Et du temps, vous n'en avez pas à revendre en ce moment...

Sous-traiter à des free-lances est tout à fait acceptable, voire indispensable au début, c'est sûr. Cependant, si vous ne gardez pas un œil attentif sur les travaux en cours, vous prenez le risque d'obtenir un résultat final en décalage avec vos attentes exactes. Et faire refaire vous coûtera bonbon et fera perdre du temps. Donc, même si vous avez confiance, il faut cadrer les choses. Au moment du brief, demandez un planning détaillé et des livrables précis. Pensez également à instaurer des points d'étape réguliers afin de réorienter le projet en cours de route s'il dérape. C'est beaucoup plus efficace que de devoir tout détricoter à la fin !

Le p'tit conseil du loser

Ne confiez pas n'importe quelle mission à un free-lance. Une mission stratégique doit être menée à bien au sein de votre boîte, surtout pas à l'extérieur. Eh oui, c'est le revers de la médaille du travail avec des free-lances : vous n'avez aucune garantie sur la pérennité de la relation professionnelle. Ils peuvent vous « planter » du jour au lendemain tout en étant dans leur bon droit. Choisissez donc bien quelles tâches externaliser et encadrez soigneusement leur mission pour qu'elle entre parfaitement dans la stratégie globale de votre entreprise.

À voir aussi

Lire les fiches n° 27, 29, 70, 73, 88 et 89.

91

TRAVAILLEZ DE CHEZ VOUS, ÇA VOUS FERA FAIRE DES ÉCONOMIES

Quand on est jeune entrepreneur, faire des économies est toujours bienvenu. Pourquoi ne pas travailler à domicile ? Pas de loyer, pas de temps de transport et un environnement de travail agréable : les avantages du travail à la maison sont nombreux, pensez-y.

Travailler de chez soi, ce n'est pas si rose que cela ! S'affranchir du cadre de travail traditionnel qu'est le bureau, c'est aussi se passer de ses avantages ; vous devrez tout résoudre seul : plus de partage des compétences ni d'entraide possible. Plus de vie sociale non plus : faites une croix sur les petites blagues à la machine à café, vous prendrez votre petit crème en solitaire. Et puis en cas de baisse de motivation (croyez-nous, il y en aura forcément), le « combo » canapé-télévision risque de vous attirer irrésistiblement… Sans compter qu'il est plus difficile de séparer le temps de travail du temps personnel lorsque l'on travaille chez soi, *a fortiori* si l'on ne dispose pas d'une pièce bien séparée du reste de l'espace de vie. Enfin, aspect non négligeable, créer sa boîte à domicile n'est pas toujours possible. Si vous êtes locataire, il faut vous assurer que votre bail vous y autorise, tout comme le règlement de copropriété ou du lotissement. Dans un immeuble collectif, il faut également une autorisation du maire pour recevoir des clients ou stocker des marchandises à domicile si votre appartement n'est pas au rez-de-chaussée.

Le p'tit conseil du loser

Si louer un local commercial vous fait peur, pourquoi ne pas opter pour une solution intermédiaire ? Installez-vous dans une pépinière d'entreprises ou dans un centre d'affaires. La nouvelle tendance du coworking est également un bon compromis : vous pouvez louer un bureau dans un espace de travail partagé, sans dépôt de garantie ni engagement sur le long terme.

À voir aussi

Lire les fiches n° 1, 6, 10, 19, 23, 25, 28, 42, 43, 44, 45, 46, 47, 48, 49, 50, 51, 52, 53, 54, 55, 67, 78, 80, 91, 92, 93, 94, 95, 96, 97, 98, 99 et 100.

92

AU DÉBUT, NE VOUS PAYEZ PAS !

Ne faites pas l'autruche : oui, lorsque l'on monte sa boîte, il est très difficile de se payer, surtout les premiers temps. Admettez-le une bonne fois pour toutes et tirez-en votre parti. Quand on crée, on a finalement assez peu de besoins : tous les frais courants sont pris en charge par l'entreprise (téléphone, Internet, déjeuners pros, déplacements) et on est fréquemment invité en soirée dînatoire, ça changera des conserves que vous mangerez à la maison ! Vous aurez bien le temps de vous payer lorsque vos objectifs seront atteints et que votre trésorerie ne sera plus raplapla.

Ne pas se payer est un très mauvais calcul ! En plus de choper le scorbut avec toutes ces boîtes de raviolis, votre motivation sera en chute libre, tout comme vos relations avec votre entourage. On entend souvent dire que tout dépassement d'objectif (généralement, le point mort) permettra de se rémunérer. On y croit, on espère... mais cela n'arrive que trop rarement. Prenez donc le problème à l'envers et partez du principe qu'il vous faut un salaire – bien sûr, pas l'équivalent de celui d'un patron du CAC 40, au moins au début – et débrouillez-vous pour atteindre le point mort. Le pire, c'est que ça marche. Pourquoi ? Parce qu'il n'y a pas grand-chose de plus ennuyeux à faire que du commercial, ce qui fait qu'inconsciemment, quand on atteint le sacro-saint point mort, on arrête les efforts commerciaux. Et puis vous verrez, ça fait du bien de se payer, ça « booste » le moral et la motivation.

Le p'tit conseil du loser

Bien sûr, restez flexible. Si, pour des questions de trésorerie, vous devez décaler le paiement de votre salaire, faites-le. Mais il faut que cela reste exceptionnel, ou bien trouvez des solutions plus pérennes (crédit bancaire, affacturage, Dailly, cession de créances, etc.).

À voir aussi

Lire également les fiches n° 1, 6, 10, 19, 23, 25, 28, 42, 43, 44, 45, 46, 47, 48, 49, 50, 51, 52, 53, 54, 55, 67, 78, 80, 91, 93, 94, 95, 96, 97, 98, 99 et 100.

93

METTEZ DE CÔTÉ VOTRE VIE DE FAMILLE ET CONCENTREZ-VOUS SUR LE LANCEMENT DU PROJET. ILS EN RÉCOLTERONT LES FRUITS DANS QUELQUES ANNÉES

Ce projet d'entreprise, c'est le vôtre. Votre entourage n'est en rien concerné par l'affaire. Inutile de vous embrouiller l'esprit en essayant de concilier votre création de boîte et votre vie de famille, car, de toute façon, ce serait impossible. Dites plutôt à vos proches – ça aura au moins le mérite de la franchise – que vous prenez une sorte de « congé sabbatique de vie perso » pour un an. Ensuite seulement, vous pourrez leur consacrer à nouveau du temps. Courage, ça passe vite !

Si votre boîte devient votre unique raison de vivre et que vous laissez tout le reste de côté (sports, loisirs, amis, conjoint, même les enfants), nous ne donnons pas cher de votre peau : burn-out professionnel, amis qui vous lâchent, conjoint qui s'en va, enfants qui vous détestent, la liste des réjouissances est longue et variée ! Il n'est pas question non plus de vous dorer la pilule à la plage avec des amis au lieu de rencontrer des clients sous prétexte que c'est bon pour votre moral. Mais trouver le juste milieu vous évitera de « péter un câble » à la difficulté de trop. Bref, ne négligez pas votre équilibre. Il est bon de prendre un peu de recul, de discuter avec des gens qui n'ont rien à voir avec l'entrepreneuriat. Car ne l'oubliez pas, vos proches sont aussi là pour vous épauler pendant cette phase si difficile de création d'entreprise…

Le p'tit conseil du loser

Ne culpabilisez pas ! Vous avez le droit – et même besoin – de prendre du temps pour vous. Si vous avez du mal à le faire naturellement, formalisez-le. Vous pouvez décréter que le mercredi après-midi est consacré à vos lardons, que tous les jeudis soir vous avez piscine ou que vendredi, c'est soirée *lovers*. Vous n'en serez que plus efficace au bureau !

À voir aussi

Lire les fiches n° 23, 78, 91, 92, 94, 95, 96, 97, 98, 99 et 100.

94

EN FRANCE, UNE CRÉATION D'ENTREPRISE SUR DEUX ÉCHOUE. SI VOUS ÊTES PRÊT À JOUER À PILE OU FACE, FONCEZ !

Se lancer dans l'entrepreneuriat, cela revient à sauter d'un avion en plein vol en sachant que votre parachute a une chance sur deux de ne pas s'ouvrir. Eh oui, 50 % des créations d'entreprises se soldent par un échec cuisant. Il faut en avoir conscience avant de tenter sa chance. Maintenant, vous ne pourrez pas dire que vous ne saviez pas ce que vous risquiez... mais si vous êtes joueur, allez-y, ça peut fonctionner.

Malheureusement, l'idée perdure en France selon laquelle si l'on échoue une fois, on « se plantera » aussi à la deuxième tentative... La peur de l'échec est un frein puissant à l'envie de créer sa propre structure ! Il serait dommage de vous priver de tenter l'aventure à cause d'un archaïsme culturel. Et si vous envisagiez plutôt un éventuel échec comme une part naturelle du processus ? Au pire, si vous vous plantez, vous recommencerez. Et ce n'est pas parce que vous êtes tombé une fois que vous retomberez la prochaine. Ceux qui ont échoué ont eu le courage d'essayer et la volonté de créer quelque chose eux-mêmes : il y aurait plutôt de quoi être fier ! De plus, un beau ratage est extrêmement formateur ; voyez-le comme une opportunité de mieux faire par la suite au lieu d'être négatif dans votre approche.

Le p'tit conseil du loser

Le risque est-il si important que cela ? Ce n'est pas parce que vous ratez votre coup que le monde s'arrêtera de tourner. Si vous êtes vraiment frileux, vous pouvez vous donner six mois ou un an pour tester votre projet. Vous pouvez même vous lancer progressivement, sans quitter votre emploi, histoire de tâter le terrain, ou prendre un congé pour faire un essai grandeur nature. Alors, vous avez tant que cela à perdre ?

L'auto-entrepreneuriat peut constituer une solution tremplin : www.coulersaboite.com/94

À voir aussi

Lire les fiches n° 23, 78, 91, 92, 93, 95, 96, 97, 98, 99 et 100.

95

VIDEZ VOS COMPTES ÉPARGNE ET HYPOTHÉQUEZ VOTRE MAISON POUR TOUT INVESTIR DANS VOTRE PROJET

Inutile de vous bercer d'illusions : il est impossible de lancer votre projet sans cash. Vous allez devoir rassembler toutes vos petites économies pour les investir dans votre projet. Ne craignez rien : d'une part, cela réduit votre endettement, et d'autre part, cela montre votre motivation et votre engagement. Votre banquier sera beaucoup moins frileux pour vous suivre si vous avez tout misé sur votre entreprise.

Pas si simple... Si vous mettez tous vos comptes à zéro et que votre projet coule, vous vous retrouvez totalement à poil, ce qui n'est franchement pas un bon calcul ! En plus d'apporter vous-même une jolie somme pour financer votre projet, pensez à l'Accre[1]. C'est une aide proposée par ce cher Pôle emploi aux chômeurs créant ou reprenant une entreprise. Elle consiste en un allégement des charges (c'est déjà ça) et surtout en un prêt sans intérêts. Vous pouvez également bénéficier de Arce[2], ou du maintien des allocations-chômage pour le créateur d'entreprise. Bien évidemment, il faut respecter les conditions fixées et remplir un certain nombre de formalités. Mais ces solutions intéressantes vous permettent d'envisager votre trésorerie plus sereinement.

---

1. Aide aux chômeurs créateurs ou repreneurs d'entreprise.
2. Aide à la reprise et à la création d'entreprise.

Le p'tit conseil du loser

On vous demandera peut-être de vous porter caution bancaire pour garantir un prêt au profit de votre entreprise. Attention, danger ! Si en principe, vous n'êtes pas tenu des dettes sociales pour les sociétés à risque limité (SARL, SAS, SA, etc.), en pratique, vous êtes souvent amené à consentir un cautionnement bancaire aux créanciers plus importants, notamment aux établissements de crédit. Soyez donc vigilant. Et si vous devez absolument passer par cette case caution, négociez bien sur le contrat de cautionnement une somme limite au-delà de laquelle vous ne serez plus tenu responsable.

À voir aussi

Lire les fiches n°s 1, 2, 3, 4, 5, 6, 7, 8, 9, 10, 11, 12, 13, 14, 15, 16, 17, 18, 19, 20, 21, 22, 23, 32, 48, 60, 66, 78, 91, 92, 93, 94, 96, 97, 98, 99 et 100.

96

NE PARLEZ PAS DE VOS SOUCIS À VOS PROCHES, ÇA POURRAIT LES SOÛLER

L'entrepreneuriat est un parcours semé d'embûches. Si vous n'avez pas les épaules pour l'assumer, que vous faites partie de ces rares entrepreneurs qui ratent leur coup, votre entourage n'a pas à en pâtir. Évitez donc de les assommer avec vos angoisses existentielles. D'autant que ça ne sert à rien, puisqu'ils n'ont pas de compétences spécifiques dans le domaine dans lequel vous vous êtes lancé.

C'est bien connu, les Bill Gates croisent les Xavier Niel à tous les coins de rue, et le monde merveilleux des affaires n'est qu'une longue litanie de réussites fracassantes… Non ? Ah bon ? Il faut immédiatement tordre le cou à cette idée selon laquelle un entrepreneur en difficulté est un paria auquel il faut éviter de s'adresser, de peur d'être contaminé. C'est ridicule. Vous avez fait un choix courageux, celui d'essayer, d'entreprendre par vous-même. Ce n'est pas une obligation de réussite ! Au contraire, ayez le courage d'avouer vos difficultés. Faire semblant d'aller bien, serrer les dents en espérant des jours heureux qui se font trop attendre, c'est la meilleure solution pour aller dans le mur. Si vous laissez les sujets d'inquiétude s'accumuler, vous risquez de vous épuiser moralement et physiquement. Et c'est là que réside le risque de burn-out. Ne laissez pas le stress vous ronger de l'intérieur !

Le p'tit conseil du loser

Voici un conseil à suivre à la lettre : ne restez jamais seul face à vos difficultés. Vos proches sont là pour vous prêter une oreille attentive, vous épauler quand vous traversez une mauvaise passe. Chacun a ses fissures, et personne, à part vous, ne vous demande d'être invincible... Si vous ne vous sentez pas capable d'en parler autour de vous – ce qui est bien dommage – poussez la porte d'associations comme Aidentreprise (www.coulersaboite.com/96A) ou 60 000 rebonds (www.coulersaboite.com/96B). Vous verrez, il y a moins de Superman qu'il n'y paraît.

À voir aussi

Lire les fiches n° 23, 78, 91, 92, 93, 94, 95, 97, 98, 99 et 100.

97

METTEZ-VOUS À VOTRE COMPTE, VOUS AUREZ PLUS DE TEMPS POUR VOUS

L'un des avantages de monter sa boîte, c'est que l'on décide soi-même de son temps de travail. Personne pour vous coller au train, pour réclamer du reporting ou vérifier le nombre de rendez-vous clients. Eh oui, c'est vous le boss, c'est vous qui fixez les règles et... votre emploi du temps ! Si vous avez envie de travailler seulement le matin cette semaine, personne ne pourra vous contraindre à faire autrement. À bon entendeur...

Rédiger le business plan, effectuer des démarches auprès des banques, développer votre produit, créer votre communication et votre site Internet, démarcher les clients... sans oublier les soucis de gestion, la compta, les relations avec vos associés et employés. Tout cela est hyper-chronophage. Avec tout cela, si vous trouvez du temps pour lézarder sur un banc au soleil, c'est que vous avez le don d'ubiquité ! Vous l'aurez compris, le grand risque lorsque l'on se met à son compte, c'est d'être totalement noyé sous le travail et de n'avoir plus la moindre plage de temps de libre. Il faut absolument en avoir conscience avant de se lancer, faute de quoi vous jetterez l'éponge au bout de quelques mois.

Le p'tit conseil du loser

Organisez-vous ! C'est la seule solution pour conserver un semblant de vie personnelle au début de votre projet. En étant très rigoureux sur vos plages horaires et sur les tâches à effectuer, vous arriverez à avancer efficacement. C'est à ce moment-là que vous pourrez fixer des moments *off* qui vous permettront de recharger vos batteries. Pas l'inverse !

À voir aussi

Lire les fiches n° 23, 78, 91, 92, 93, 94, 95, 96, 98, 99 et 100.

98

VOUS AVEZ FAIT UNE ERREUR ? RETENTEZ, ON NE SAIT JAMAIS

Un entrepreneur, c'est un décideur, pas quelqu'un qui prend conseil autour de lui avant de faire le moindre choix. Si vous vous êtes planté, inutile de faire votre mea culpa *ou de revoir votre stratégie : allez de l'avant. Si vous passez votre temps à réfléchir aux éventuelles erreurs passées par peur de les reproduire, vous n'avancerez pas. Mieux vaut faire deux fois la même boulette que ne rien faire du tout, pas vrai ?*

Se tromper, prendre de mauvaises décisions, c'est inhérent à votre choix initial, à savoir vous lancer dans la grande aventure de la création d'entreprise. En revanche, ne pas avoir le recul nécessaire pour tirer des leçons de vos erreurs passées et améliorer votre capacité décisionnelle future, ça s'appelle avoir un gros problème d'ego. Bien sûr, se remettre en cause, admettre ses erreurs, c'est toujours un peu désagréable. Mais c'est un formidable vecteur d'apprentissage ! Les enseignements issus d'une expérience ratée sont très enrichissants, il serait dommage de vous en priver à cause d'une fierté mal placée.

Le p'tit conseil du loser

Dotez-vous d'outils (tableaux de bord, reporting régulier) pour mesurer l'impact de vos décisions aussi rapidement que possible : plus tôt vous saurez que votre décision était désastreuse, plus tôt vous pourrez redresser la barre. Et ne vous enfermez pas dans votre tour d'ivoire. Un entrepreneur doit échanger avec des pairs plus aguerris : ils pourront vous alerter sur certains dysfonctionnements qui vous auraient échappé. Bref, tirez des leçons de vos erreurs, vous vous coucherez moins bête et votre boîte fonctionnera mieux.

Le CJD[1] est une association qui permet de rencontrer d'autres entrepreneurs et de se former en tant que dirigeant : www.coulersaboite.com/98

À voir aussi

Lire les fiches nº 1, 2, 3, 4, 5, 6, 7, 8, 9, 10, 11, 12, 13, 14, 15, 16, 17, 18, 19, 20, 21, 22, 23, 32, 48, 60, 66, 78, 91, 92, 93, 94, 95, 96, 97, 99 et 100.

1. Centre des jeunes dirigeants d'entreprise.

99

CE N'EST PAS LE MOMENT DE PRENDRE DE VACANCES : PAS DE REPOS POUR LES GUERRIERS !

Vous êtes en plein essor, ce n'est pas le moment de s'amuser à partir en congés : vous risqueriez de passer à côté d'un gros contrat, de vous faire dépasser par la concurrence ou tout simplement de ne pas atteindre les objectifs que vous vous êtes fixés. Une fois que votre business sera sur les rails, vous pourrez vous la couler douce et siroter un cocktail sur une plage exotique. Pour le moment, focalisez-vous sur l'essentiel : votre boîte.

Contrairement aux idées reçues, se refuser des vacances de temps en temps, c'est une attitude particulièrement contre-productive. Perte d'énergie, vie sociale en danger, lassitude... Les répercussions sont multiples. En clair, garder la tête dans le guidon, c'est se donner bonne conscience, mais en pratique, cela ne fera que vous rendre moins efficace au travail – en plus de vous mettre à plat physiquement et moralement. L'entrepreneuriat est une course de fond, il faut vous économiser pour tenir la longueur. Ménagez-vous donc régulièrement des moments de répit. Cela passe par des « petits plaisirs à côté du boulot », comme du sport ou une activité artistique, ainsi que par de vraies vacances qui vous permettront de « couper », de penser à autre chose et donc de vraiment vous reposer.

Le p'tit conseil du loser

Prenez-les, ces vacances ! Pour les entrepreneurs fauchés (en gros, pour tous les entrepreneurs en démarrage), il existe de nombreux sites Web pour trouver des séjours à l'étranger à prix cassés (Travelzoo - www.coulersaboite.com/99A, Voyage Privé - www.coulersaboite.com/99B, Opodo -www.coulersaboite.com/99C). Vous pouvez aussi simplement vous aérer l'esprit en louant un logement *via* AirBnB (www.coulersaboite.com/99D) dans une autre région. Soufflez, faites du sport, faites la fête... Vous serez meilleur à votre retour et plus créatif !

À voir aussi

Lire les fiches n° 23, 78, 91, 92, 93, 94, 95, 96, 97, 98 et 100.

100

DÉCOMPRESSEZ EN FAISANT LA FÊTE TOUS LES SOIRS !

Diriger une entreprise, c'est hyper-stressant. Si vous voulez tenir le coup sur le long terme, il faut vous lâcher de temps en temps, autrement, c'est l'asile ou les antidépresseurs assurés. Profitez de vos soirées pour boire un bon coup, vous défouler sur le dancefloor et vous éclater jusqu'au bout de la nuit. C'est bon pour le moral, donc pour la boîte. C.Q.F.D. ☺

Ce n'est pas drôle, mais sommeil alcoolisé, sommeil trop court ou décalé sont synonymes de baisses d'efficacité, et, sur le long terme, de moral en berne. Pour « booster » votre mental et tenir le coup physiquement, pensez plutôt à prendre soin de vous. Faites du sport régulièrement, ça vide la tête et élimine les tensions accumulées au cours de la semaine. Mangez sainement au lieu de vous contenter d'un sandwich ou des cacahuètes du bar dont vous êtes le pilier. Et imposez-vous un nombre d'heures minimal de sommeil. Certains peuvent se contenter de six heures, d'autres doivent en avoir huit, à vous de déterminer votre minimum syndical pour être efficace le lendemain. Mais bon, que cela ne vous empêche pas de faire la fête de temps en temps… Une vie d'ascète, ce n'est pas l'idéal non plus !

Le p'tit conseil du loser

Si vous avez du mal à respecter votre organisme, prenez les devants avant que la machine ne vous dise « Stop ». Imposez-vous quelques plages horaires de détente (sport, yoga, marche, etc.) au cours de la semaine. Faites-vous livrer vos courses (avec des légumes !) si vous avez la flemme de les faire vous-même, et remplissez votre congélateur de plats préparés sains (si, il y en a !) pour les soirs où vous n'aurez pas le courage de sortir une casserole. Votre corps vous dira merci.

À voir aussi

Lire les fiches n° 23, 78, 91, 92, 93, 94, 95, 96, 97, 98 et 99.

Remerciements

Ce projet est né d'une idée un peu folle lors d'une soirée arrosée... Comme souvent !

Initialement conçu comme un recueil de témoignages de losers, il nous est assez vite apparu plus simple de reformuler le tout, pour donner une forme plus cohérente à l'ensemble du livre.

Nous avons donc précieusement conservé leurs conseils pour « se planter » et réécrit chacune des fiches pour que vous puissiez apprendre de leurs erreurs.

Un GRAND merci aux premiers contributeurs du livre : Denis Bouillet, Régis Goujet, Coline Jouan, Frédéric Domon, Arthur Ollier, Frédéric Chazelle, Mathieu Thomas, Kevin Bresson, Guillaume Bourdon, Louis Chevant, Maxime Vallet, Renaud Lacroix, Camille Blaise, David Beraud, Stéphanie Hertrich et Guilhem Bertholet.

Un immense merci à Xavier Niel pour sa préface. Merci à lui d'avoir été réceptif à notre projet et notre vision de l'entrepreneuriat.

Nous remercions aussi grandement les relecteurs qui ont commenté les fiches pour les rendre plus efficaces et ont traqué chacune des coquilles : Clarence Thiery, Stéphane Girardin, Rémy Bigot, Louis Bonduelle, Yannick Namia, Jimmy Brumant, Adrien Deslous-Paoli, Ness Zouaoui, Bernard Bonnamour, Pierre Belmont, Mathieu Leblond, Mamie Clown (elle se reconnaîtra) et l'équipe de SuperScript2.

Nous ne pouvons oublier Élodie Le Joubioux-Miossec, sans qui ce livre n'aurait pu voir le jour.

Un hommage à notre éditeur, Eyrolles, qui nous a fait confiance pour publier un livre… sur l'échec !

Et enfin, merci (et bravo) à nos compagnes Clarence et Marie de supporter deux losers comme nous.

Index

A

abus de biens sociaux : 125
Accre : 220
acte dengagement : 144
action : 41
actionnariat salarié : 85
affacturage : 135
agence : 93
aide à lentrepreneuriat : 19
amélioration : 206
anticipation : 58, 109, 166
Arce : 220
arnaque : 28
associé : 20, 54

B

bas de laine : 36
bénéfice : 146
besoin : 79, 110
  – en trésorerie : 32
blogueur : 103
bonne pratique : 70
burn-out : 222
business angel : 96, 115
business plan : 24, 44, 115
buyer persona : 100, 101

C

calme : 165
campagne
  – de précommande : 39
  – marketing : 92
capital : 20, 32
  – dilution : 68
  – partage : 114
  – social : 33
caution bancaire : 221
centre daffaires : 213
cible : 38
client idéal : 100
cohésion : 189
collaboration : 35
communication : 89, 145, 185
  – agence : 99
  – canal : 177
  – de crise : 95
comparateur : 111
compétence : 200

– professionnelle : 23
compte
– courant dassocié : 33
– personnel : 124
– professionnel : 124
concurrence : 155, 206
confiance : 154
conflit : 136, 145
conseil : 30, 205
convivialité : 189
coworking : 57, 213
créativité : 189
crédibilité : 172, 182, 194
CRM : 127
crowdfunding : 129
culpabilité : 217

D

décision : 62, 170, 196
démarchage : 163
démission : 202
démotivation : 202
dénigrement : 87
détente : 231
discussion : 189, 201

E

échange téléphonique : 196
elevator pitch : 115
e-mail : 196
empathie : 176
emprunt : 113
énergie : 60
enveloppe Soleau : 143
équipe : 40
exécution : 50
executive summary : 45, 115
expérience : 70
expert : 31, 91
expert-comptable : 29, 65, 125
– 2.0 : 109

F

financement : 119
fonds propres : 113
frais : 56, 106
franchise : 202
free-lance : 73, 99

G

Google AdWords : 42, 88
growth hack : 89, 96

I

idée : 52
image de marque : 106
impayé : 116
incubateur : 81
indicateur de performance : 126
innovation : 22, 53
intéressement : 85

J

journaliste spécialisé : 103

L

leçon : 227
liquidité : 128
livrable : 210
location : 132

M

management : 178
maquette : 205
marché : 26, 42
marge de négociation : 151
marketing : 199
 – viral : 93
messagerie : 61
méthode SynOpp : 25
MOOC : 27
motivation : 180, 212

N

nom de domaine : 157

O

objectif : 61
optimisation fiscale : 18
organisation : 225
originalité : 53

P

pacte
 – dactionnaires : 21
 – dassociés : 54, 144
partenariat : 77, 135
participation : 85
passion : 23
pépinière dentreprises : 213
performance : 65, 200
peur : 49, 218
piratage : 133
planning : 210
plan Web marketing : 90
plate-forme collaborative : 149
point
 – détape : 149, 210
 – mort : 106
pragmatisme : 58, 78, 88
présentéisme : 175
prise
 – de notes : 152
 – de recul : 216
prix : 38
produit : 73
professionnalisme : 94
prudhommes : 192

Q

questionnaire : 43

R

recommandation : 139
récompense : 181
reconnaissance : 180
référence : 76
relance espacée : 158
relation client : 137
remerciement : 165, 180
rentabilité : 67
répit : 228
repreneur : 121
réseau : 34, 51, 80
– social : 185
respect : 176
responsabilité : 141
résultat : 122
réunion connectée : 149
risque : 191, 219
RSI : 123
rupture de contrat : 190

S

salaire : 214
– déguisé : 193
SAV : 120
service complémentaire : 139
silence : 86
sollicitation extérieure : 61
sondage : 43
sous-location : 57
spam : 156
sport : 230
suivi de projet : 79

T

tâche stratégique : 60
talent : 169
taxe : 18
temps de gestion : 83
trésorerie : 69, 122, 128, 215

V

valeur : 76, 150
veille concurrentielle : 71
vente : 206
visibilité : 162

Composé par Soft Office (38)

Dépôt légal : anvier 2022
Imprimé en llemagne par oD

www.ingramcontent.com/pod-product-compliance
Ingram Content Group UK Ltd.
Pitfield, Milton Keynes, MK11 3LW, UK
UKHW021043220726
13924UKWH00006B/2239